图解服务的细节
107

あなたの店をつぶさない法則

不倒闭的餐饮店

"一风堂"创立者经营录

［日］河原成美 著

陆诗琪 译

人民东方出版传媒
People's Oriental Publishing & Media

东方出版社
The Oriental Press

图字：01-2020-0534 号

ANATA NO MISE WO TSUBUSANAI HOSOKU
Copyright © 2012by Shigemi KAWAHARA
All rights reserved.
First original Japanese edition published by PHP Institute, Inc., Japan.
Simplified Chinese translation rights arranged with PHP Institute, Inc.
through Hanhe International (HK) Co., Ltd.

中文简体字版专有权属东方出版社

图书在版编目（CIP）数据

不倒闭的餐饮店："一风堂"创立者经营录／（日）河原成美 著；陆诗琪 译. —北京：东方出版社，2021.1
（服务的细节；107）
ISBN 978-7-5207-1868-4

Ⅰ.①不… Ⅱ.①河… ②陆… Ⅲ.①饮食业—商业经营 Ⅳ.①F719.3

中国版本图书馆 CIP 数据核字（2020）第 240871 号

服务的细节 107：不倒闭的餐饮店："一风堂"创立者经营录
（FUWU DE XIJIE 107：BUDAOBI DE CANYINDIAN："YIFENGTANG" CHUANGLIZHE JINGYINGLU）

作　　者：[日] 河原成美
译　　者：陆诗琪
责任编辑：崔雁行　高琛倩
出　　版：东方出版社
发　　行：人民东方出版传媒有限公司
地　　址：北京市西城区北三环中路 6 号
邮　　编：100120
印　　刷：鸿博昊天科技有限公司
版　　次：2021 年 1 月第 1 版
印　　次：2021 年 1 月第 1 次印刷
开　　本：880 毫米×1230 毫米　1/32
印　　张：5.375
字　　数：98 千字
书　　号：ISBN 978-7-5207-1868-4
定　　价：58.00 元
发行电话：(010) 85924663　85924644　85924641

目　录

CONTENTS

第3章　不倒闭的"促销计划"

第4章　不倒闭的"人才管理"

第 5 章　不倒闭的 "基本行动"

第 6 章　不倒闭的 "决心"

序
店铺为何倒闭

开业一年内倒闭的店铺占几成?

假设。

一位绅士对你说:"我借你 1000 万日元,你要不要来赌一下?"

"顺利的话 5 年就能回本,之后还能渐渐赚点利润。可是,这样的概率只有 70%,30% 的人则变成了欠下 1000 万日元的带息债务。"

这就是条件。怎么样?你会打这个赌吗?多数人可能会踌躇不前。因为跟风险比起来收益太少了。而且,

"每天从早到晚都必须工作。"

——加上这个条件的话,估计就没有人举手了。

然而,在现实中,还是有很多人加入这种没有好处的赌博。没错,这里说的就是店铺。

餐饮店的话,据说一般约有一成的店铺 3 年内就关门了,5 年内有三成的餐饮店改旗易主。也就是说能坚持到 5 年后的店

铺仅有七成。剩下的三成恐怕因为贷款而陷于水深火热之中。

我很熟悉的福冈一家房地产公司的经营者则断言，"这数字简直是太天真了"。

"因为在业界内流传着开业 1 年内倒闭的店铺占七成的说法，而且我的实际感受也是如此。在同行中这都是常识。尤其是福冈，餐饮店和美容院都已经处于饱和状态，虽然这也有竞争非常激烈的因素，但如果是市中心，全国的水平都差不多。"

他是这样说的。虽然无法确定数据的出处，但其实我自己也觉得这个数字跟实际情况非常接近。

假使开业短短 1 年内就有七成的店铺倒闭，这是非常让人惊恐的。

餐饮店是相对来说需要庞大初期费用（机器、系统等初期投资费用）的行业。到底是使用全新设备呢，还是趁着转手（接手店铺的时候连同设备一起买下或者租用）直接开业呢？这根据业态和营业形态的不同，会有很大的不同，但即便是个体经营，初期投资也需要1000 万日元至2000 万日元。店铺一旦倒闭，与此同时也会没了工作，加上初期投资所花掉的资金，直到倒闭为止的那段时间的亏损，就只能成为债务背负在身上了。

店主苦恼也没有任何办法，因为这是自己选择的。然而，他一想到自己的家人就坐立难安。如果聘请了员工，连同员工本人及其家人都会走投无路。

店铺经营困难，并不只是餐饮店面临的问题。刚开张的店铺转眼就倒闭了的案例已经司空见惯。进一步说，跟以前比起来，店铺倒闭的频率更高，速度更快了。现在可以说是"店铺倒闭层出不穷的时代"。

坦白说，如果这是一场赌博，最好的办法就是不要出手。

如果你有"准备开店"的想法，还是再在心里问一次自己——"即使要背负这么高的风险，也要做吗?"即使这样，你也要加入这场豪赌吗? 如果是，有很多很多事情是你需要提前知道的。

所有原因都在于店本身

为什么要背负巨大风险，但还是有那么多人想开店呢?

首先，餐饮店的"准入门槛低"是原因之一。简单说来，就是很多人都有种"做点菜、卖点酒这样的事情，我也做得来"的心态。

确实，开餐饮店并不需要什么特别的技术。它并不像医生或者律师那样必须通过严格的考试才能做，只要是平时做过饭的人，就总能做得到。因此，人们往往带着"想要拥有一间自己的店"这样简单的想法就开店了。

然而，不会有这么容易的事情。实际上餐饮行业竞争非常激烈，要想让顾客选择你，就必须付出相应的努力。

需要专业知识或者特殊技能的行业的准入门槛高，但相应地只要一加入到行业里去就不会那么轻易倒闭。相反，越是能快速做起来的买卖，越是竞争激烈，倒闭的可能性越高。也就是说，无论哪一行，要想让事业继续下去，开业前都需要万全的准备。

店铺更替比以前更加频繁，经济环境变化更加激烈是其原因之一。在经济环境变化的过程中，人们的价值观、生活方式也快速变化，对商品、服务很快就会厌倦。如果无法应对这些变化，就只能从市场中落荒而逃。

也有人将原因归根于长期的经济不景气和通货紧缩。因为政府不作为，将责任转嫁给国民。对于这种主张，也不能断言就是错的。

还有，每个行业都有每个行业的状况。即使是餐饮行业，由于店铺数量达到饱和，轻食［在超市、便利店、小摊买已经做好的饭菜和便当、面包（三文治、蔬菜面包)］等饮食方式的出现，餐饮市场在不断缩小。有人指出，这边赢利模式刚刚开发完，那边就有新的出现了。

然而，我认为，如果是个体店铺，将店铺不兴旺归根于这些外部原因是有百害而无一利的。

店铺倒闭，全都归因于店铺本身。如果不这样想，是没办法改善的。着眼于店铺弱点，仔细改善，店铺肯定会有所发展，业绩也会得到提升。

反过来可以说，倒闭的店铺就是因为没这么做过而倒闭的。

成为"人气店"前，先成为"不倒闭的店"

虽然我知道你们可能会反驳我，但一家店本身是绝对不会倒闭的。将一家店弄倒闭了的人肯定是连"理所当然的努力"都懒得去做的人。

唯有经历过店铺倒闭的人，才会有自己的理论并且重视它。所以他不会接受别人的意见。拥有理想是好的。但若不符合天时地利，就有必要去变化和适应。执着于理想，是做不成买卖的。

如果现在有人正因为店铺的经营状况不佳而把这本书捧在手上，那么我希望你可以有"将这本书的内容老老实实去实践一遍"的觉悟。

如果能全部实践一遍就最好不过了，最少也要彻底执行 3 个法则。这样也能让你的店铺成为"不倒闭的店铺"。当然，这是以继续深挖并继续营业下去为条件的，所以哪怕只是 3 个法则，能坚守住的话，必然是能够存活下去的。如果能再进一步执行其他法则，你的努力就会切切实实地反映在业绩上。

如果你是从现在开始想要开店的读者，请带着"从今天开始我就是经营者了"的觉悟继续读下去。虽然并不全是好听的话，但这里汇总了能让你即将开设的店铺不倒闭的心理建设和技巧。让我们一起来打造一间兴旺的店铺吧！

开店时，人们往往抱有"我要开一家人气店铺"的梦想。有这种理想是很重要的，请一定要藏在心里。但话虽如此，要想发展成为一家人气店，前提是要成为"不倒闭的店"。

打造"不倒闭的店"，就要为它打下坚实的基础，无论外部因素如何变化，它也不会被轻易动摇。如果基础不扎实，是建不起高楼大厦的。如果将人气店比作高楼大厦，在基础工程阶段就去担心窗户玻璃是没有用的。所以首先要专心搭建好坚实的基础。

"那时候明明那么有人气，现在已经倒闭了?!"

这种案例就是没有用心去打造好基础才发生的。即使偶然抓住了商品、服务的潮流，只要潮流一过就站不稳脚跟了。因此，成为人气店铺之前，最应该做的，就是"打造不倒闭的店铺"。

踏踏实实地不断努力，店铺肯定会成为你人生的重要助力。自我开第一家店铺开始，今年（2020 年）已经是第 41 年了，就让我来帮你吧！

不倒闭的"目标设定"

没有目标的店必然会倒闭

对于来找我倾诉店铺经营得不理想的顾客，我一般都会先问他们想要开个什么样的店，然而，将近100%的人都没法明确地回答我。

相反，对于很有干劲的人，即使我没有问他这个问题，关于店铺的未来、财务计划、自己的梦想，他们往往都能娓娓道来。从我的经验来看，他们想法的可行度跟店铺的经营状况是成正比的。

也就是说，对店铺没有明确愿景的人容易陷入困境中，有愿景的人则越做越好。

可以说，店铺倒闭最大的原因就是"没有设定目标"。

试想一下。你原本为什么想要开店呢？为什么想要运营呢？"因为喜欢美食""喜欢衣服和可爱的杂货""从小时候开始就喜欢帮别人弄头发""只要和花在一起，心情就变得很平和"……每一个都是非常了不起的动机。但如果仅因为这些就开店是非常危险的。为什么这么说呢？因为在开店之前，每个人都是没有经验的"门外汉"。

我这么说你可能会反驳我"在这之前我已经积累了好几年的正式工作经验了"。但是，即使你拥有你说的那个行业的业态相关知识和技术，在店铺经营方面你还是新人。

说到经营，可能会让人认为那是大公司的事情，和个体店铺没什么关系。又或者，店主就是因为讨厌那样的世界，所以才开了店铺，当作兴趣爱好的延伸。

但你需要提前知道的是，没有经营意识的店主店铺经营失败的概率非常高。即使是一间店，即使是小小的店铺，既然已经开始运营了，就要意识到"自己是经营者"。

那么，在经营方面，什么是重要的呢？资金计划、促销计划、人才管理（聘请员工的话）等都是经营的重要要素，其中我认为"设定目标"是最重要的。

在开店之前我一直都过着悠然自得的日子，我之所以能将第一家店运营成人气店铺，而且开店四十多年后依然从事饮食行业，都是因为我最初就设定了目标。所以对于这点，我是非常有信心的。

关于我实际设定的目标，我会在后面详细介绍，但要铭记于心的是，经营"不倒闭的店"的第一步，就是要"设定目标"。

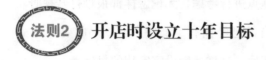

法则2 开店时设立十年目标

话说回来，到了实际确定目标的阶段，很多人都会迷惘，不知道到底从哪里入手。拿我自己来说，一开始设定目标的时候，我感觉我自己就像一个呆呆地站在沙漠正中间的人一样，连该往哪个方向去都不知道。

因此，我先考虑时间的问题。自己问自己，可以规划到多久之后的事情，然后出现在我脑海里的答案是十年。与此同时，我想起了在书上看到的知识——"事物的基本有三"，然后确定了短期的目标是三年。

这个方法，在店铺数量增加了的今天我依然都在用。我经常提出十年后的愿景，在具体项目上则用三年时间做出一定成果。虽然这个方法很简单，但适用性很强。

假设你现在是三十岁，请想象一下四十岁时的自己。然后从四十岁的角度，如同"回首过去似的"审视一下现在的自己。

你会发现，现在自己身上所欠缺的东西还很多。创业的时候大家都是一样的，没有资金，人手不够，也没有客户，没有得到顾客的信赖等，都是为"无中生有"而苦恼着。所以，如果是以现在的自己为基点进行考虑，无论怎样都很难打开视野。

然而，四十岁的自己已经拥有了那些东西。因此要从那个视点去展望三年、五年后，这样才能设定宏伟的目标。

没有比设立宏伟目标更重要的事情了。因为，单是想象一下就让人兴奋得跃跃欲试的目标不是更让人期待吗？你一旦有期待，就会去努力。即使是现在你自己觉得有点高的目标，对于十年后的你来说也是理所当然的。请自由地、尽情去描绘你的梦想。

一听到十年，有人可能觉得那还遥遥无期。也有人觉得"今天光是做完一天的事情就已经精疲力尽了"，或者"先设立一年的目标就足够了"。但是，正因为有十年这个时间跨度，才有利于灵活地修正。即使在日常工作中，也请用十年后的目光来看待现在的自己。这种目光正是实现目标的路标。

对于店铺快倒闭了的人，我问他们认为自己十年后会怎样。

"十年后不敢想象啊。"

"那个时候，应该已经没有这间店铺了吧？"

如此消极的回答，我们暂且把它们当作反面教材吧。

法则3 养成事无巨细写手账的习惯

在设定目标时手账帮了我的大忙。我在学校不擅长学习，国语也不例外，但我很喜欢将我的想法写在纸上。我平时随身携带的手账里面，其实是我从年轻时候开始就一直在写的好多杂七杂八的想法。

手机现在已经高度普及了，到了智能手机这一代，电脑拥有的功能基本上手机也有，但我还是推荐你将想法呈现在纸上。实际上手写文字和在键盘上打字之间，还是有很大差异的。

倘若你想开店，可以在手账上写下许多你关于店铺的具体构思。店的内部装饰和外观如何设计，店铺备用名和菜单构成等各种各样的想法，你可以在纸上写得密密麻麻。但倘若你没有这些想法，我劝你还是趁早不要开店了。

对于已经开店了的，你每天可以用经营上该反省和改善的点、新菜单的菜谱等关于店铺运营的内容填满你的手账。否则，你很有可能不适合店铺经营。

除了以上实际经营过程中的想法外，关于"自己希望将来过怎样的人生"这一点，也希望你记在手账上。今后想要体验的事情、想去的地方、想获得的知识和素养等，有多具体写多具体。将它们化作文字，记录下来。在体育的世界里，留在"记忆"里比留下"记录"更让人重视，但你要是想成为生意人，"记录"则比"记忆"更重要。

就这样，请经常随身携带那记录了你许多想法的手账。如同自己的分身般去珍惜它，每当遇到问题的时候都去读一遍。对于能将这番操作反复实践的人来说，"十年的目标设定"也会变得没有那么难了。

那是十年前的事情。当时有位还是二十岁出头的拉面店铺经营者对我说"请看这个"，然后把手账递给了我。他在手账里面用图画描绘着他的"第五十年的目标"。

在这之前，我并没有觉得他做的拉面有多么好。我虽然没有说出来，但感觉他还需要多学多练。然而，当我看到他手账的瞬间，我就确信，"他一定能做下去的"。

将店铺运营下去，烹饪的本领和品位确实是很重要的。然而，那还远远不够。作为其前提，描绘未来的想象力和实现目标的能量也是不可或缺的。

他后来也确实发展起来了，现在已经成为拉面行业的新星之一。他将他五十年目标中的前十年部分，切切实实地实现了。

将人生规划与店铺计划融合在一起

如果你已经在经营一家店铺，那么店铺的目标就是你自身的目标。如果店铺兴旺，你在经济上会获利，如果低迷你的收入会减少。与此同时，经济会给生活的各个方面带来很大影响。也就是说，设立店铺目标，基本上等同于考虑人生规划。

这些待到后面再详细叙述，但对究竟需要多少收入这一点也要考虑清楚吧。今后十年，每年的收入都能增长最好不过了。为了达到这样的目标，店铺的销售额、利润要达到何种程度就清晰可见了。

怎样扩大你的事业这一点也是有必要考虑的。将来想要开多少家店铺呢，还是只坚持做好一家店铺？即使只做一家店，是迁址继续扩大吗？在最初阶段就要构想一定的愿景了。如果你在创业的时候省略了这个步骤，那么请从现在开始实行。

也有人因为想要用兴趣爱好来充实自己的生活，所以不进入企业工作，而选择了自己经营店铺的道路。在这种情况下，确定今后能怎样享受你的兴趣爱好，考虑和工作平衡的方法是很有必要的。与一心不乱地投入到工作中的人比起来，他们带着爱好运营店铺且不让其倒闭，当然会相对困难一些，也正因为如此，需要更为缜密的计划。

除此之外，将"到了这个年龄了，想要买房""买车""孩子的学费需要这么多"等因素切实地和店铺规划关联在一起也很重要。这样什么时候必须做什么事情这个问题，就会变得很清晰了。

将一年时间换算成小时的话，那就是 8760 个小时。其中，勤劳的人用于工作的时间大概是 3000 个小时。

这样一来，剩下的 5000 多个小时怎么管理呢？若没有考虑到这一点，十年目标的精度也无法高到哪里去。

但有一点要先告诉你们，拿我自身的情况来说的话，我开第一家店的时候，工作以外的事情我几乎什么都不想。我虽然设定了关于收入的计划，但完全没有要过有钱人的生活、要某一样特定事物之类的想法。

之所以这样，是因为我集中精力在店铺运营上。那时候的我如果老是感叹距离目标还有十万八千里，或者觉得目标很难达成，有太多想要得到的东西，说不定早就失去自信了。因此，要简单地把注意力全部集中到工作的目标上。回过头来看，我应该更加游刃有余地，设立和未来的人生计划相符的店铺目标。

不过，将年轻的力量全部倾注到工作中，也是有其意义的。尤其是对于年轻人来说，"三五年内不要考虑其他东西，也不要有过多的欲望，总之先将精神集中到成功经营店铺上就好"。

所以，我的建议是，"只专注于工作上的目标，为了实现这个目标，倾注全身心的力量也要在所不辞"。

法则5 **最初的目标是"三年不休业"**

至于为何我要如此强调"目标是重要的"这一点，那是因为我自己就是有了目标，人生才得以扭转的。

我开第一家店的时候是1979年（昭和54年），那是间仅有5坪①大小的雨后酒吧。

在开自己的店铺之前，我一直过着和目标风马牛不相及的生活。做什么事情都无法坚持，也拿那样的自己没办法。想考美术大学也无法认真起来，想成为公务员但最后放弃了，结果父母托关系让我去读了大学。找工作也是在哥哥的劝说下，总算是进入了当时很有发展势头的流通业。总之我一直都在逃避独立思考。

开店，在饮食行业生存。下这样的决心的时候，我已经二十七岁了。我入行已经很迟了，但那时候我仿佛重生了一样，开始认真面对自己了。"我已经很讨厌中途放弃了。为了能持续下去，为了能让这份事业取得成功，我到底还有什么不足呢？"我这样自问自答。

————————

① 1坪约为3.306m²。

我得到的答案是"目标"。从小时候开始,我从来没有自己设立过目标。我终于清醒地认识到,并且接受——这就是我的缺点。

这样听起来好像是我做了什么了不起的决定,但实际上你要是问我自己设立的第一个目标是什么,你恐怕会失望。因为我的目标是,"三年不休业"。

以前,我从一个前辈那里学到一句话,"小人闲居,为不善"。

"何原,百无聊赖的人太闲了,是做不了好事的。你要注意哦。"

后来过了很长一段时间,我才知道那是"缺乏他人的目光关注,往往容易做坏事"的意思,但对当时的我来说,感觉就像是一针见血地说中我自己的状态。回想起来,我每天都暴露在顾客严厉的目光下,所以它那原本的意思正好对我敲响了警钟。

"这样啊。那我不要闲着好了。所以每天埋头苦干,把做坏事,甚至是想坏事的时间都挤掉。"

"三年"——我在前面也已经讲过了,是因为我在某一本书中了解到"事物的基本有三",我的直觉就告诉我,"就是这个没错了"。话说回来,直到现在,"三"也是人们最喜欢的数字,三天、三个月、三年、三十年……我经常以"三"为基础考虑时间。

不管怎么说，我决定的第一个目标，就是把自己五花大绑起来，让自己失去自由。因为我不相信自己。

当然，你没有必要原原本本地照搬我这一套。为了店铺能长久运营下去，学会休息也是其中的一个课题。如果能很容易就实现那样纯粹的目标，就可以专注于更高的目标。

虽然这么说，三年不休业，其实是非常困难的。

当然，身体吃不消也不能休息，但也不能生病。当时和我交往的女朋友邀请我去旅行，被我以目标为理由拒绝了。战胜这么多的诱惑，并不是口头上说的那么简单。

设立那个目标并实现它，这件事改变了那之后的我的人生——现在我都可以这么说。

最重要的就是，实现你所设立的目标。

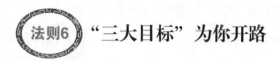

法则6 "三大目标"为你开路

设定了三年不休业的目标后，我就开始想着"要是实现了该怎么办呢"的问题了。"三年后我刚好就是 30 岁了。好吧，那在那一年内，把店迁到福冈市中心天神附近的大一点的地方去。"我下了这样的决心。

第一家店是在博多站旁边的，那里是个规划很严格的地方。而且店铺面积只有 5 坪。然而，我并没有其他可选择的余地。

"好吧，那就在这里坚持每一天都营业，三年后就搬到天神地区 20 坪左右的地方。"

光是这样想想就觉得兴奋。

那么，下一个三年做什么好呢？那时候我决定了在 33 岁开新业态的店铺。而且当时我认为"自己顶多能活到 70 岁吧"，活到一半，也就是人生中点的 35 岁为止，我要再多开一家店铺，一共开三家店的话，就能找到我的天职了吧。这样就有了三个目标。

"30 岁迁址，扩大店铺规模。"

"33 岁推出新业态的店铺。"

"35 岁经营三家店铺，遇到可以做一辈子的职业。"

之前我说了要设立十年的目标，自己却只能考虑到八年后的事情。可是，这三个大目标，给予了后来的我非常大的动力，是我非常重要的财富。

实际上，30 岁的时候我把店铺迁到了天神地区 20 坪的地方开张了，我还将那间店发展成每坪月营业额① 30 万日元的人气店。

我开设新业态店铺博多一风堂拉面店的时候，还差两个月就 33 岁了。两年后我还开了郊外型的拉面店。朝着目标不顾一切前进的结果就是，我在 27 岁时描绘的梦想基本全部实现了。

我想告诉你的是，目标是很重要的。目标就是运载你的船、罗盘针。当然"油"还得是你自身，你要使劲划使劲划。牢固的船，如果能加上正确的罗盘针，即使有恶浪打过来也不会动摇。你就能不停地继续前进，直到到达目的地为止。

① 即"坪月商"，指的是每坪的月营业额，通过"月营业额÷坪数"得出。

三十岁实现年入千万、消灭零客日

我还制定了几个其他小目标。

其中之一是收入。30 岁时我决心要年入 1000 万日元。说到做这个决定的依据，还真是有点不好意思，我做这个决定是因为我觉得高官的年收入大概是这么多。

不过至于赚到 1000 万日元后我要做什么，买些什么，我倒没怎么考虑过。我记得我当时请了很多人吃饭，主要是熟客们。后来为了给顾客提供更加舒适点的空间，再三改装了店铺，所以也花费了点钱。

但是这已经足够了。对当时的我来说，没有什么比店铺成功更能让我高兴的了。收入只是其结果，是我从社会那里得到的分数，这一点到现在我也是这么认为的。但也正是因为这样，我们应该设定收入目标。

另一个是，"消灭零客日"。当时和饮食行业的人交流，经常会听说"今天没有顾客"或者"连续两天没有破蛋了"。当时我简直无法相信。因为我只是单纯觉得，"为什么顾客都不来了还这么镇定？"

这个目标实践起来非常难。既有下大雨的日子，也有刮台风的日子。每当我想着会不会没有人来了，我就给熟客们一个个打电话。结果我经营雨后酒吧期间，没有一天是没有顾客的。

创业时设立的从大到小的几个目标，如果说哪个最重要，还是"三年不休业"这个目标。因为不休业，我短期内就学会了做生意的基础知识。

仔细想来，决定"三年不休业"的时候，我其实想的是"三年内不要倒闭"。在那个节点，我是非常积极的。整天担忧"会不会倒闭"，是没有任何好处的。"三年不休业"这个目标也有效地将我的思考变得积极乐观起来。

所以，让我改变最大的，还是第一次实现目标的这件事。在那之前，我都是不相信自己的。可能在别人看起来，那并不是什么了不起的目标。但在将生意做下去的同时，没有什么比越来越相信自己更重要的了。这是毋庸置疑的事实。

无论如何都不要逃避目标设定。为了不让你的店铺倒闭，并且能进一步发展，首先请自由地、乐观地设定你的目标。

法则8 **明确"5W2H"**

经常有人跟我说，在设立目标的时候要思考"5W2H"。

在开第一家店的时候我还不知道有这样的方法论，所以我无师自通地定下了目标，但如果有这个"5W2H"，梦想实现起来可能就更加顺利了。

人们所熟知的"5W2H"，其实是借鉴写新闻稿时的"5W1H"的手法而来的。

Who（谁）

What（什么事）

When（什么时候）

Where（什么地方）

Why（什么原因）

在这 5W 的基础上，加上，

How（怎么办）

的1H，就是5W1H。根据英语的写作指导法，如果严格按照这个规则写文章，就能准确传达意思。当然也适用于日语文章，你在学校里肯定也学过。

将这个运用到商业上，还有另一个 H。

How much（多少钱）

这样就形成了 5W2H。

"谁"——基本上指的就是自己。在团队中，也有"和谁"的意思。

"什么事"——即明确要去做什么样的事情。明确是做什么业态，拥有什么样的特征，和其他店区别开来的点在哪里。或者也可以在这里加入类似于"店铺迁址""开设新店铺"等今后应该做的事情。

"什么时候"——即明确时间、时期、期间。如果不明确非常重要的目标实现的期限，也无法落实到"现在为了实现那个目标要做些什么"的行动上。目标一定要加入期限。

"什么地方"——即明确场所。如果是开店，就是选址。这是和"做什么"紧密联系的部分，所以要认真思考。

"什么原因"——深入挖掘目的和理由。如果目的动摇，整个计划就无法成立。相反，如果目的明确，目标就不会动摇。

"怎么办"——考虑清楚方法和手段，目标的可实现性就会提高很多。

"多少钱"——如果达成那个目标需要资金，那就必须将资金金额明确化。我们从事的是买卖，所以无论是什么事心里都要有一本账。

那么，在这些要素中最重要的是什么呢？我认为是"什么原因"。

这是个关于丰田的员工去到中国的工厂指导"改善"的故事。据说当地的员工问到了怎么"改善"。

"打造丰田这种没有浪费的工厂有没有什么秘诀？"

然而，丰田当时所实施的改善方案每年都有几万个。不可能将它们一一介绍出来，即使只是展示实例，也不一定适用于那个工厂。

没错，这里应该问到的问题就是"为什么要改善"这个问题。在深刻理解这个问题的基础上，思考有什么是自己的工厂可以做到的。这样的话就可以持续地亲自给出改善方案。

说回我自己，雨后酒吧刚开张的时候，它的"什么原因"就是"为了守住我自己的尊严"。如果这个店垮了，必然会损害到我自己。就像是背水一战那样，正是因为有了这个"什么原因"，我才会努力到底。

法则9　失去目标的恐慌

至今为止我们说了目标的重要性，其实我自己也有过失去目标的时期，我因此吃了很多苦头。

在雨后酒吧开张时设定的三个大目标中，"在三十五岁时找到自己一生的职业"这个目标，我没能实现。无论是酒吧，还是拉面店，我并没有打心底里觉得这就是我的天职所在。但是，我对这个事实选择了睁一只眼闭一只眼。

37岁时，我开了第四间店，那是间居酒屋。那个时候我将"开10间不同业态的店铺"作为暂时的目标。开的每家店的生意都很好，周围的人也都来讨好我，而我自身对此也并不是很讨厌。

然而，就因为这样，问题日积月累，直到爆发出来。我在那家店的业绩是很好的，但交给别人打理的店铺不知为何顾客数量不断减少。于是我重新参与管理，但一旦我放手，店铺的业绩马上又下降了，如此反反复复。

食材浪费多，成本率一味变高，即使给很高的工资，员工的成本意识也很差。这都是因为我自己没有直接和员工对接。

所以造成了想要扩大事业的我和满足于现状的员工之间出现了矛盾，而我也没怎么努力去缩小矛盾，于是与员工之间形成了微妙的距离。

那种状态持续了两年，陷于危机当中也是自然的事。新店铺开店成本还不上，资金无法周转。虽然一风堂情况比较好，但居酒屋和酒吧是赤字的。欠的钱已经达到了一个很大的数额。

我开始调整全部的经营策略，从基本的地方开始改善。并且问自己，"为什么会导致现在这种局面?"答案是，"没能设定目标"。还有就是，"找到一生的职业"这个目标本身，对当时的我来说太高了。

人们一旦失去目标，两三年就会走下坡路。因为这样，我痛切感受到了，人是如此脆弱。

重新设定目标是在我 45 岁的时候。当时我已经设定了"十年目标"。

"一年出一本书，十年出十本书。"

"一年举行 10 次演讲，十年举行 100 次演讲。"

"自己公司发行的行业杂志十年内无间断发行。"

现在，这些目标我都实现了。我这样说的话，可能会有人说"那是因为你本来就已经有业绩了"。

然而，在我设定目标的时候我只有 5 家店铺。无论是我的公司还是我个人，知名度都很低，出书这样的计划，都不好意思讲出来。

我还不擅长在人前讲话，所以在第一次演讲时给我设置的 1 个小时时间我并未能用完，讲得参加者打瞌睡，很快失去了热情，结果我讲了 40 分钟就结束了。

我决定在小众传媒杂志上每期介绍 4 个人，但我并没有那么广的人脉。要请谁呢？我的栏目要写什么呢？开始做了之后才发现，这是比想象的做起来更难的事。

可是，我一步一步不断前进，总算所有的目标都实现了。我能站到现在这个地方来都是多亏了我的目标。并不是我给自己开拓了道路，而是目标将我带到了这里。

法则10 遵守和"另一个自己"的约定

我一直认为,在我自己的身体里,还有另一个我。

为了实现自己的愿望,寻求"另一个我"的协助是必不可少的。只有另一个人也成为我的帮手的时候,目标才能达成。

那么,要怎么做,才能让另一个你,成为你的协助者呢?

只有这样才能让你实现你的目标。那就是将自己决定的事情做到底。一开始,另一个你只是稍微认可你。而通过反复将自己已决定的事情做到底,另一个你,为了实现你的愿望,就会逐渐开始配合你。

如果你很难理解,请想象你思考十年目标时的"十年后的自己"。和那个十年后的自己牢牢约定"绝对达成目标"。重要的是一定要实现。如果打破了约定,信任关系一下子就会降到冰点。

在前面,我说过"最好设定宏伟的目标",虽然这么说,如果给自己设定无论如何也无法实现的梦想,只能带来负面的效果。如果无法实现,另一个自己则会越来越远离你。

因为设定了过于远大的目标而无法实现,自己让自己受伤的人何其多啊！结果陷入"果然我还是没用"的自我嫌弃中，或者"大概今后梦想什么的都是无法实现的吧"的怨天尤人的局面。这时候，另一个你就真的扭过脸去不与你合作了。

如果你还没有实现过目标，请先从简单的事情开始做起。

例如"一个月整理一次玄关的鞋子""这个星期要保持房屋整洁"。如果这样也难，"今天主动向遇到的人打招呼"也可以。总之，坚守自己决定的目标，并实现它，养成这样的习惯。简单来说就是正式开始前的热身。

如果小的目标可以实现，夸赞自己"做得好"。接着，给予自己"我可以的"的认可。

即使现在还无法设定大目标，但也不应该为此灰心丧气。多实现几次小目标，在心里面肯定就会有梦想的萌芽。怀着这样的信念，不断练习实现目标。

重要的是，遵守和另一个自己的约定，并一直遵守下去。

要让另一个自己成为你的伙伴，帮助你实现目标，打造出不倒闭的店铺。

第 2 章

不倒闭的 "资金计划"

法则11　巧妇难为无米之炊

店铺倒闭的人的共同点就是，都认为"我是做手艺的，不擅长数字"。即使问他资金计划，其回答也往往模棱两可。

然而，这样真的可以吗？旧话重提，即使是一家店，为了让店铺不倒闭，学会经营是有必要的，也就是说你必须是个经营者。"关于钱，我一窍不通，我也不想管。"这样说的经营者所管理的公司是无法活下去的。店铺也是一样。

如果资金周转不过来，店铺就无法运转。你的梦想也就到此为止了。如果单是你自己，你可以坦然接受。但家人的命运怎么办？如果是雇用了员工，他们的人生又会变成什么样呢？你有着作为经营者的责任，有管理数字的义务。

当然我自己一开始并没有这样的觉悟。在我三十几岁失去目标的时候，如果有详细的资金计划，公司就不会陷入那样的危机。虽然说起来很惭愧，即使运营了四家店铺，即使已经法人化了，在会计方面也是从钱兜算账的。

如果从刚进入饮食行业的时间点就开始预设资金的流向，和自己的目标综合考虑，就不会有后面的停滞不前，可以更快地成长。我在这里反省的同时，建议你从第一家店开始就做好资金计划。

但是，就像我已经说过的那样，我设定了收入的目标。也就是三十岁时希望实现年入千万的目标。我的目标设定是有根据的。为了实现这个目标，我需要有多少营业额、有多少利润等这些是很清楚的。

实际上，做生意的人中，当被问到"你想要赚多少钱"的时候，能给出具体数字的人并没有那么多。这是把赚钱这件事当作不好的事情了吗？

"不是，足够温饱就好了。"

如此，得到的是一听就知道是非常谦虚的回答。那么为了吃饱，需要多少钱呢？今后，一直这样也可以吗？还是想再多一点？对未来没什么打算。或者，"越多越好啊"。

我也会经常听到这样的回答。这个和不现实的规划是一样的，等于什么都没有考虑过。

日本人尤其在讲到金钱的话题时有种厌恶的倾向。然而，没有钱店铺就无法立足。金钱是没有好坏之分的。为了店铺能经营下去，钱是不可或缺的。

怎么样？趁这个机会好好思考一下金钱吧！

怎么看待金钱

刚刚说的那番话，其实是我在三十多岁的时候，朋友向我请教 "赚钱的秘诀"，我跟他说的我对于金钱的想法。虽然有点装腔作势，但至今我的想法还是没变。

金钱是可以用价值来衡量的，但心却不是。假设金钱有眼睛、鼻子、嘴巴，它这样子跟你说：

"成为我的用人吧。让你见识到好的东西，让你高兴的事情全部都实现。可以吃美味的东西，用价格昂贵的衣服包裹你的身体，出入可以乘坐高级汽车，住进宽敞的家里，漂亮的女子想要多少有多少。"

为了不受金钱的诱惑，所以故意装作一点也不为所动的样子。

"啊，这样啊。不好意思，我没什么兴趣，你还是去找其他人吧。"

当然，工作上要全力以赴。金钱肯定还会来找你。

"喂，你已经够努力了，赶紧来做我的用人吧。我会给你美妙的体验。"

即使它笑嘻嘻地再来诱惑，你也还是要冷眼以对。

"你这家伙，又在说这样的话了。我不是说了吗？我没兴趣。"

于是，你又继续投入工作了。这是为了自我实现。这样，金钱第三次来了。

"你啊，听听我的劝吧。我可以让你感受到所有的快乐！"

即使是金钱，这次的表情也带着稍微的不安。这个时候要严厉地放话。

"你真是不死心啊。我呀，比你们快乐多了！"

这样的一句话，让金钱受到了巨大的打击，它应该会哭出来了吧。于是，它问你：

"为、为、为什么？我所不知道的快乐是什么？"

"如果想要我告诉你你所不知道的快乐，你就得跟在我后面，成为我的仆人。"

在那一瞬间局面马上就逆转了，变成了金钱跟在我的屁股后面。

怎么样？聪明的你已经知道"金钱所不知道的快乐"是什么了吗？对！那就是追求自己的梦想。也就是设定目标，实现目标，寻求自我实现，并在这个过程中，充分理解自己。

因为金钱是没有心的，所以对于人们用心抓住某物的营生羡慕得不得了。

我们通过心，既可以将金钱变成好的东西，也可以变成坏的东西。如果是做生意，首先要确定个人对金钱的理解。

"金钱什么的……"

避开这个话题的人反而是金钱的俘虏。这跟讳疾忌医是一个道理。只因为害怕看见本质，所以任性地背过去选择不见。然而，那样是无法消除恐怖、不信任感和不安全感的。请好好直面它。这样一定会让金钱成为你的仆人。

法则13 营业目标的设立方法

虽然有点抽象，但我们在这儿探讨一下营业目标的设立方法吧。

餐饮店大概的营业额有很多种算法。其中之一就是"三天的营业额顶一个月的铺租"这种。如果一个月三十天全部营业，也就是说铺租相当于营业额的10%。

1坪1.5万日元，共20坪的店铺的话，铺租就是30万日元。由此可以推算，一个月需要300万日元的营业额。

那就是1天需要10万日元的收入，请思考"顾客消费单价×1天的流量＝10万日元"。这是选择开店的一个物业基准。或者，如果你已经在经营店铺，就将铺租的10倍作为营业额目标吧。

还有另一种思考方式就是"每坪月营业额"，这指的是每月1坪能有多少营业额。

一般来说，大概"每坪月营业额10万日元"是最基本的。以这个为基准，20坪的店铺的话，月营业额就是200万日元。如果是家庭经营的"生计"，我认为这个营业额已经可以生存下去了。但是如果将它作为商业来看，还是非常严峻的。

标准店铺是"每坪月营业额15万日元"，20坪的话就是月营业额300万日元。铺租是每坪1.5万日元的话，营业额就等于铺租的10倍。这样差不多才是店铺可以持续经营的水准。

要想店铺运营下去，采用不同的方法是必不可少的。迟早也是要重新装修的。每坪月营业额15万日元的时候就要老老实实地将装修的钱存起来，另一方面要寻求营业额的突破。一旦实现，就可以说能进入饮食行业的专业玩家的队列了。

可以成为人气店铺的是"每坪月营业额20万日元"的店铺。这是赢利能力很好的状态。到了这个阶段，店铺迁址扩张、二号店的开设等也可以考虑了。我当时经营的雨后酒吧在大概20坪的店铺里，每坪月营业额从25万日元增加到30万日元。应该说是非常有人气的店铺了。

超级有人气的店铺是"每坪月营业额30万日元以上"的店铺。每坪月营业额50万日元，100万日元的店铺也有。但是，没必要从一开始就誓要成为超级人气店铺。因为人气店、超级人气店，都不过是"不倒闭的店"的延伸。

法则14 实现目标才会有顾客

月营业额目标确定了以后，就轮到落实日营业额了。每坪月营业额 300 万日元的话，那单纯一天就是 10 万日元，但也有些店铺因为地理位置或行业性质，周末顾客多；也有些行业，是赢利还是亏损就看周末。还要考虑店铺的休业日。考虑到这样的误差，再设定每日的营业额目标。

个体店铺大多数都不设定日营业额。抱着"今天能卖多少呢?"的心态开门，然后带着"今天营业额意外多很多啊"或与之相反的"卖不好"的感叹，又糊里糊涂地关门。这样做生意的人有很多。

如果有明确的目标，"今天已经达到目标了"，可以感到高兴；如果未能达到，就可以有个契机去思考未能达到的原因。如有去年的数据，也可以拿来参考。如果是同样的时期数字下降，那就可以推测出多多少少会有些外在的原因，如果能知道是什么原因，就可以思考对策。

将这些目标和全部员工分享是非常重要的。在大家都可以看到的地方，张贴每天的目标表格。除此之外，还有邮件这种方便的工具。即使当天有没来上班的员工，也可以通过邮件简单地将当天的营业额和是否达到目标的情况传达给他们。请试一试。

营业额的基准是月营业额，然后才是日营业额，但还有一点不能忽略，就是顾客的数量。预设顾客的平均消费单价，到底要有多少个顾客消费才能实现目标呢，这一点是需要经常放在心上的。

每天的营业是很重要的，与其思考"昨天的营业额是 10 万日元"，不如养成思考"**昨天有 30 位顾客来店，收入 10 万日元**"的习惯。这个习惯应该渗透到全部员工。营业结束后，一定要将数字和所有员工共享。如果每个员工都能有"再多些顾客"的想法，成为"不倒闭的店"的概率也会增大。

目标的数值是很重要的，与此同时，要经常将这些数字背后的顾客的笑脸放在心上。

法则15 个体店铺可以不受 FL 成本的常识束缚

打造不倒闭的店铺，确保营业额的同时，成本管理也是很重要的。

一般来说，餐饮店必须注意"FL 成本"。F 指的是材料费（food cost），L 指的是人工费（labor cost）。这两个成本加起来的总和占营业额的百分之几就是其中的一个指标。

$$（材料费+人工费）÷营业额=FL 率$$

通常认为，FL 率在 55%～60% 之间是合理的。当然不同业态会有所差别，例如寿司店和烤肉店一般是材料费比较高的行业。自助餐厅也是材料费非常高的，但另一方面，人工费用会有所控制。

酒吧和咖啡厅等以饮料为主的业态据说是材料成本比较低的行业。因为它们很多时候都是靠空间和服务赚钱。相应地，人工费往往会更高。

当然，即使是同一个行业，每家店铺下的功夫不同，材料成本、人工成本也会有很大不同。如果你是现在才打算开店，一个月的进货预算加上人工费，再除以营业额目标，确认下其数值是否在合理范围内。如果已经在经营中的，"不知道自己店铺的 FL 成本"的人是非常危险的。请从上个月的账目明细算出 FL 率。

FL 成本和 FL 率是很重要的指标，我希望店主能经常留意，但个体店铺的话，我认为不一定必须在合理范围内。

本来人工费成本中就已经包含了自己的工资。根据工资，FL 数值可以有很大的变化。例如决定"开张一年内是每个月 15 万日元"这样子生活，材料费再高也是可以承受的。用这样产生的经济适用感作为店铺的武器招揽顾客，也是一种战略方法。

靠人格魅力吸引顾客的话，也可以降低材料费。能让顾客享受到其他店没有的服务，有这样的附加价值就可以了。

还有，如果材料费大概是 30%，所有商品的成本率都要符合 30%，这是没有必要的。招牌菜的话，即使是 70% 也无所谓。与此同时，开发 10% 左右的、20% 左右的商品，整体平衡就可以了。如果所有成本率都一样，菜单就会变得缺乏吸引力。

以 FL 成本作为一个基准，应该设计什么样的菜单呢？应该配置多少个服务员呢？这些也要做好计划。

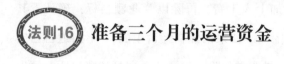

法则16 准备三个月的运营资金

可能大家都有过这样的经历：

"附近有家新开的店，我刚注意到就倒闭了。"

"什么？已经倒闭了吗？"

是的。店铺开业第一年是最危险的。

原因有好几个。店铺做得差。商品跟位置不匹配。缺乏接待顾客的知识。请人没请对……这些原因说起来可以说个没完。而且有的店铺是因为一个原因倒闭的，有的店铺是因为有好多个原因交织在一起而失败的。

不过，可以确定的是，不存在没有问题的店铺。店铺开张之后，无论是谁都会面临或大或小的问题，一边改善、修正，一边打造一个能继续支撑下去的店铺。店铺就是养出来的。

然而，在养之前，由于资金不足而骑虎难下的案例实在太多了。这里有很大一部分原因是没有准备好运营资金。

根据房地产公司经营者的说法，因为有"只要开了店，每天都会有钱来的"想法，所以有不少人是零运营资金开始的。这实在是太危险了。

如上所述，尤其是餐饮店，开店的时候初期成本（机器和系统等初期投资费用）是非常大的。开业的时候投资几百万，甚至几千万日元都是很常见的。对于这份资金，可能店铺要运营好多年才能回本，但如果在初期阶段就资金不足，那之前的投资就会直接变成"无法还清的债务"。

运营资金最少也要准备"人工费、铺租、水电费等固定花费的三个月支出"。这样子的话，一年以内倒闭的风险肯定会降低很多。

法则17 **雇用费和宣传费等也是初期费用**

开业制订资金计划的时候，不要忘记雇用员工所需要的花费和宣传费。

提到经营层面，把这样的费用加进去是理所当然的，但这一点往往容易被忽略。如果之前有在饮食行业工作的经历，你可能马上就能想到店铺内外装修的费用、工具、室内装饰、设备机器等费用，对市场价也比较熟悉。然而，对雇用员工、打广告等方面则一无所知，所以很容易漏掉这一块内容。

如果聘请员工，使用平台进行招聘，相应地需要一定的成本。这要事先调查好。

还有，怎样宣传也是个重要课题。如果是个体店铺，我并不建议去互联网、杂志、团购杂志等登广告。大公司可能会有效果，个体店铺往往性价比比较低。

尽管这样，发行团购券还是能吸引到一定顾客，但一旦团购券停止发行，顾客马上就会减少。又无法恢复到原来那样，于是接着登广告，慢慢地店铺就耗不起了。这样的店铺其实出乎意料地多。

　　虽然这么说，但一开始如果不让大家知道有这家店铺，顾客不来也是正常的。至于不花钱怎么进行推广，后面会详细介绍，但是完全一点预算也没有是不行的。"开业的时候印传单吗？""官网是外包给别人做吗？""店铺会员卡怎么办呢？""菜单是去找设计师做吗？"等等，为了提高店铺知名度要采取什么样的措施，然后相应地需要多少资金等，要详细地算出来。

　　即使把所有都算得很准确，开店的时候肯定还会超预算的。内外部装修的工程费多多少少都会比预算多，对于这一点最好有心理准备。实际开始做的时候，例如发现了想不到的问题而不得不更改设计，或者想要使用更好一点的材料，又或者欲望更大了等导致要花的费用更多了。

　　这样一来，拿来做运营资金的备用金就减少了。加上没预想到的雇用员工和宣传等也花费了一笔费用，运营资金就见底了，这样的案例也是有的。

　　开业一年内，为了保持能坚持下去的实力，首先必须详细考虑并算出开业到底需要多少资金。

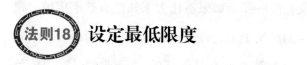

法则18 设定最低限度

到了这个阶段，营业额目标已经确定好了，还有"开店需要花费多少成本，开业每个月会花多少钱"，这个问题我想应该也已经很明确了。

怎么样？想必是赢利的状态吧。如果是负数，那就是还有不合理的地方，需要重新琢磨。

我敢肯定改善后是会有利润的，不过不要忘了减去自己的报酬。如果是小店，往往容易认为"结算后的钱全部都是自己的"，但请认识到利益是属于店铺的。店铺并不是你的钱包。

话说回来，这个计划，你对它的完成度真的有自信吗？尤其是营业额。顾客真的和你想象的一样来店，按照你预想的单价消费吗？虽然我希望你是胸有成竹的，但在看数字的时候，用冷静的眼光严肃判断是很重要的。

我大概考虑了三种情况。首先是稳妥线，也就是，"这样的营业额、顾客数量、顾客消费单价基本上是可以达到的"。这种情况下，虽然人不多，但店铺确实是有利润的。

其次是有希望达到的理想线，"如果能有这样的营业额就好了"。因为肯定是有利润的，所以还可以追求更高的目标。

最后是"可以想象的最低限度"。也就是说店铺是亏钱的。无法确保自己的收入。但在这种情况下，搞清楚是否只要自己忍耐下去，就有办法顺利过渡，这很重要。顾客完全不来这种情况是绝对不存在的，所以请给自己设定能接受的最低营业额，"最差也都有这样的营业额，辛苦点，一年也能赚回来了。也就是说给自己一年的犹豫期。"

当然，没有必要悲观。如果有这样的征兆，就在心里发誓"绝对不会发生这种情况"。如果实际上真的到了差得不能再差的地步，若知道还剩多少时间可以进行改善，心情上会轻松很多，而且能想出好的计划的可能性也更高。

有希望达到的理想线就是我们的目标。想象顾客涌进店里的样子，并为越来越接近这样的理想画面而不断努力。

让会计师成为你的伙伴

　　这个我需要反省一下，因为我自己都没有做好，但我建议，即使是个体店铺，也要和金钱专家——会计师签订顾问合同。

　　我已经反复讲了好多次，你是一个经营者。将梦想落实到目标上，就好比是向前奔跑。已经拥有了店铺的读者，应该已经是朝着梦想不断奔跑的状态了。

　　这个时候，是一个人跑呢，还是让教练带着你跑呢？你会怎么选择？

　　有教练在，你就绝对不会搞错跑道。他可以时常帮你确认速度，可以提醒你"再加速一点吧"，或者"你跑得太快了，稍微控制一下速度吧"之类的。他还会指出连你自己都没注意到的身体状况的变化，帮你采取一系列措施，将受伤和事故防患于未然。

　　我是在成为法人的时候才和会计师签订顾问协议的，那时候觉得"既然已经请人帮忙记账了，那么税务局调查的时候他会帮我应付的"。如果当时能敞开来谈钱的事情，并设定经营计划，可能后来我就不会陷入资金难等问题中了。

更进一步说，从开第一家店开始，如果能和擅长打理资金的专家成为伙伴，会大大加快你把生意做大的速度。后来我也后悔了，所以我建议你一定要和会计师签约。契约费根据店铺规模有很大的不同，但每个月收三万日元左右的会计师应该不少。

当然，并不是说只要是会计师谁都可以。还是要找对行业熟悉的人，或者在其行业里有咨询经验的人。和经营得好的同行交流，让他们介绍给你也是一个有效的方法。

确保有优秀的顾问、咨询师、工作团队，是经营者必须具备的条件之一。**不要想着"什么都自己做"，要懂得灵活借助专家的力量**。与此同时，你可以把精力集中在只有你才能做的工作上。

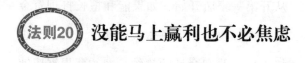

法则20 没能马上赢利也不必焦虑

实际开店的时候，多多少少会有些意料不到的事情。

例如意想不到地人气旺，当然如果能这样最好，相比之下比想象中顾客少的案例还是更多。

我敢断言，店铺开张的时候是最辛苦的。你想一下就知道了。因为还没有人知道你的店铺的存在。总之不可能像你想象的那样。

这时重要的是不要焦虑。我们已经预想过最低限度了。和那个数字比起来，实际是多少呢？和正常值比起来，营业额又还差多少呢？

顾客消费单价如何？和预想的数值有出入吗？顾客数量不够是不是？如果能一一确认，现在店铺所不足的要素就一目了然了。

最可怕的就是焦虑，没有任何分析，不加选择地就开始不断打折，自我毁灭。或者是打广告，还损失运营资金。如果这样，店铺则快速往倒闭的方向发展了。

改善店铺状态的方法有很多。应该从哪里入手，这根据不同的状况会有所不同，但首先是要在心里发誓"一定要让状况好转"。然后就是行动。

　　在店里一个人烦恼也没用。有那样的时间，不如将时间花在开发畅销菜单上，或者在思考能吸引顾客的传单宣传语上。或者来个彻底的大清洁也好。将顾客会喜欢的事情，一个个地做出来。

　　朝着顾客喜欢的方向不断努力，肯定可以看到光明的。所以请一定不要焦虑，相信自己和店铺，不断前进。

第 3 章

不倒闭的"促销计划"

你的店铺有什么特征

大公司的连锁店靠"虽然没有很突出的优点，但整体都在平均分以上"的评价，也可以吸引到顾客。因为知名度高，能给顾客安心感，而且很方便。

然而，如果个体店铺收到"平均分以上"的评价，就只会埋没在周边的许多店铺中。商品、服务、店铺风格，全部在平均分以上当然是重要的，但也有必要打造出与其他店不同的特征。

单说"特征"，也有很多不同的案例。餐饮店的话，马上就能想到菜单的差别化。灵活运用别处没有的食材和调理方法，即使有招牌菜，也再加点功夫等，用独创性高的商品给顾客强烈的冲击。

或者可以将量作为卖点，也有因菜品命名而带动人气的例子。当然也不乏用压倒性的低廉价格吸引顾客的案例。

无论怎么样，设计出能让顾客觉得惊艳的商品，让顾客第一时间用手机拍照，上传到博客等社交平台，是很重要的。

店铺的概念本身也可以成为特征。实际上，有不少店铺采用的是聚集兴趣玩家的模式，如铁路模型酒吧、展示哈雷摩托车的咖啡厅等。

我创立的雨后酒吧现在由作家集团接手了，他们以"书"为主题对店铺进行了翻新。

菜单则采用村上春树、向田邦子等作家设计的菜单，再现小说、电影、动漫里的料理。店内摆放着 1000 册以上的图书，顾客可以免费挑一本喜欢的带走。如果顾客来还书，还可以提供一杯免费饮料。

他们完全没有饮食行业的经验，只是想发挥自己的强项，将书和作家作为店铺的概念。改变概念之前，每坪月营业额是 10 万日元，也就是说基本上是"濒临倒闭"的状态，但现在每坪月营业额超过了 15 万日元，成了不倒闭的店铺。

靠服务取胜的店铺也有。和我们 Chikaranomoto 公司合并的另一家公司、在台湾开设"干杯一风堂"的干杯集团就是以"干杯"作为店铺特征的。干杯集团还开了烤肉店，他们提供的"8 点干杯"服务非常有人气。

他们会事先向顾客打听来店的理由和最近的好事等。一到 8 点员工就拿着麦克风，介绍每张桌子的顾客和他们的故事，然后整个店里的人都为他们干杯。

在这次干杯中喝完饮料的顾客，可以享受免费续杯的服务。因为干杯，店内的气氛一下子就高涨起来。然后，他们厉害的地方在于，从创业开始到现在 8 点的干杯服务一天也没有停止过。坚持就是力量。

在店铺打造这一点上，开设一风堂一号店的时候的事情应该也有一定的参考价值。1985 年（昭和 60 年），当时只要提到拉面店，肯定就是"脏"（Kitanai）、"臭"（Kusai）、"恐"（Kowai）的"3K"，尤其是女性会离得远远的。所以我就以"女孩一个人也会去的时尚拉面店"为概念。在现在来说这是很想当然的，但在当时却是很有创意的。

我之所以意识到内外部装饰，是因为"京都御堂"。它的店名看板是手写的木板字，店内是很厚的木柜台。地板是土间①，门帘是麻的，大碗是价格昂贵的唐津烧，筷子使用的也是最高级的。对了，音乐好像是爵士，它的每一个细节都能勾起人们的想象……商品就不用说了，将店铺打造得前所未有，这绝对是能得到人们关注的很大理由。

就这样，店铺可以通过各种各样的方法赋予自己特征。为了不沦为"普通的店"，就绞尽脑汁想一下吧。

想一想你的店铺不输给大公司或周围的店铺的，或者是别人无法模仿的点是什么。深入发现自己，打造出可以牢牢吸引顾客的特征。

---

① 土间是日本家宅中室外与室内的过渡地带，与地面同高，虽然在日本有着"室内要脱鞋"的生活习惯，但若是在土间即使穿着鞋也没有关系。

法则22 有吸引人的商品吗

我开雨后酒吧的时候，为了推出特色商品绞尽了脑汁。由于是酒吧行业，所以饮料是以啤酒为中心的。我首先就一样不缺地备齐了世界上的啤酒。那时候福冈市内已经有好几家店是以世界的啤酒为卖点的了，我的酒吧所在的博多站附近却一家也没有。

决定要备齐世界上的啤酒之后，出于天生的那股热衷劲儿，酒坊不用说了，我还去咨询了商社（贸易公司），请求其他县的批发商赠送，当时转眼间就增加了 5 个种类。最后应该是超过了 100 种。我将这些啤酒在架子上摆成一排，每个标签都有非常好的设计，所以单是这样就已经成为室内装饰了。

料理方面，因为我有在西餐厅做帮厨的经验，所以从汉堡包、蛋包饭等传统菜单，到土豆烧肉的家庭料理、居酒屋菜单等，想到什么就做什么。其中博得好评的是"土豆派"。这道料理非常简单，将土豆泥和葱、培根放入小平底锅里，加入芝士翻炒，在顾客中非常受欢迎。《家庭画报》杂志也介绍了这道料理，来店的顾客基本上也都会点这个。

店铺迁到天神之后,"什锦盖浇面"非常有人气。用蔬菜、猪肉等配菜煮成汤,混入淀粉浇在炒好的什锦面上。由于是放在铁板上端给顾客的,发出咻咻的声音,备受顾客好评。

经营雨后酒吧时期,我真的开发了好多菜。午餐的时候吃着觉得好吃的菜,当天晚上就会做出来供顾客品尝,就是这么快速。这样的"随机应变"才是个体店铺的武器。我认为,在感叹"没有诞生人气商品"之前,首先是要做出来。

一风堂的"赤丸新味"和"白丸元味"则是先有了菜名才创造出的料理。我很多时候都是从菜单上的名字联想到料理。

那个时候是一风堂开业的第十年,正在进行业务改善,其目的是回归初心。围绕着这个目的,商品也需要大幅度调整。当时,关于面和汤的研究已经很发达了,所以我很自信能够做出任何一种拉面。也正因为这样,需要确定菜名,从所有的可能性中找出一个方向。

关于名字,从早上起床到晚上上床睡觉为止,啊不,就连睡着的时候,我也一直在脑海里思考着。突然,我灵光一闪。

"例如,鮨屋①的熟客,在那家店点餐的时候用的是不是只有那家店才能通用的词语呢?或者有没有店员之间相互沟通的隐语那样的名字呢?"

---

① 日本的一家餐厅名称。

想到这里，我就联想到了"红（赤）一丁，白一丁"① 这样的员工发出信号时的场景了。于是就决定了"赤丸新味"和"白丸元味"的命名，根据命名开始开发商品。这两个商品不断进行细微的改变，现在已经作为一风堂的招牌菜被人们熟知了。

拉面餐厅五行推出了一种"焦香"手法。以自己风格的酱油味和味噌味为主题不断进行开发调整，就是因为想到了过去人们在煎饼和炭烧寿司团中使用的将"焦香"放进汤里的主意。

它的特征是炒的时候火焰升到额头那么高，然后顾客就会想着"那个火焰可以炒出什么样的味道呢"，从而会满怀期待。这种现场感也是打造特色商品的其中一个要素。

我想强调的是，这样的**人气商品并不是头脑发热想出来的商品**。当然，创意和灵感是很重要的，但那也是因为有平时的研究和尝试才有的成果。

我们 Chikaranomoto 公司以"为了不改变而不断改变"为口号，每天都致力于商品开发。所以不以"我是个体店铺"为借口。相反正因为是个体店铺，高度自由，才要去尝试。所有的东西都是从尝试开始的。

---

① "一丁"在日语中是"一份"的意思。

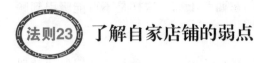

法则23 了解自家店铺的弱点

我认为，使店铺倒闭的人都是"不敢直面现实的人"。这样的人无论是被谁指出来，都不会承认店铺的缺点，也不会去改正。

有一家和食大公司的连锁店，主厨一直做到了店长位置，但后来独立开了一家主要以锅为卖点的店铺。试吃会上聚集了餐饮行业的人物、广告界人士、杂志编辑等，然而大家都是一副摇头的样子。料理的味道非常普通，无法给人感动。大家都一致认为，和价格不相符。

还有人提议他既然使用了自家栽培的蔬菜，就不妨"多加点蔬菜，让顾客随便吃"，也有人建议灯光可以再暗一点，把休息间的菜架整理好等。

然而，那位料理人没有接受人们的意见。尤其是因为对料理拥有绝对的自信，所以他对负面评价感到很不满。实际一开店，就像人们说的那样，完全无法吸引顾客。即便如此，主厨也说，"不懂得欣赏我的料理味道的顾客不是好顾客"。

他是这样认为的。他不是把心用在"顾客想吃的东西"，而是用在了"自己想推出的东西"上面。这样是不可能吸引到顾客的。

他的店从开业到倒闭都不到 10 个月。他最后还埋怨"位置不好"。

刚开业的店铺肯定有很多不足的地方。通过朋友、熟人、来往的商家、同行业者、顾客提醒，不断改善，才能成长为好的店铺。

当然，不是说所有意见都要接受。抛弃自己微妙的自尊和对某种东西的执着，老老实实地做好"顾客喜欢"的东西就可以了。

能提醒你店铺弱点的人，就是你的上帝。

法则24 积极引进好的服务

既然决定经营店铺，想必你对那个行业是很喜欢的。我也很喜欢料理，喜欢吃，所以才能长期从事餐饮行业。

现在"到处吃"就是我的工作，做喜欢的事情，就不觉得辛苦。然而，意外的是，餐饮店老板中"不到处吃"的人非常多。说实话，我并不明白其中的理由。他们是对其他店铺推出了什么样的商品，实施了什么样的服务，完全没有兴趣吗？

也有人说因为自己的店铺忙，没有时间。但并不是二十四小时都在店里面的，不是吗？吃饭的时间还是有的吧？所以下意识去其他店逛逛就好了。原本就觉得在外面吃饭麻烦的人，我认为是不应该从事餐饮行业的。

如果去有人气的店铺，肯定可以得到一些灵感。菜品、店铺的经营方式、服务、菜单的制作方法、店铺陈列、制服、店铺会员卡等，每一个部分都仔细观察，觉得好的地方就积极引进到自己店里去。

调查竞争店铺叫作"店铺对比"。先去走访在店铺所在位置半径 5 公里内的竞争店铺。准确记录你作为一位消费者的感受，你不仅可以得到很多灵感，还可以认识到自家店铺的优点。至于店铺周边，即使不是人气店铺也要去。不是单纯收集信息，而是通过自身体验了解它，即使看到的是它的缺点，你能拿来当作反面教材也是好的。

还有，附近城市的业态相近的店铺，尤其是有人气的店铺，也去看看吧。如果你有什么想问的话，我建议你先向店主说明自己的身份，再请教对方。有时候对方也会说"这是企业机密"而拒绝你，但从我自身的经验来说，店主对同行业人的态度都特别好。尤其是对新开业的店铺更是如此。对于没有竞争顾虑的来访者，店主会很爽快地传授经验，给予建议也说不定。所以拿出勇气，去打个招呼吧！

另外，要是坐飞机才能去的距离比较远的店铺，心血来潮想去就去吧。因为它很有可能让你获得重要的灵感，而这些灵感能让你轻松地把花销赚回来。如果在杂志和互联网上看到对你的店铺有积极影响的店铺，就利用假期，去实地看看吧！

对潮流敏感

说到杂志，你知道餐饮行业的专业杂志《日经餐厅》的发行数量吗？根据调查杂志发行量的一般社团法人日本 ABC 协会的认证，大概是 2 万册。

根据 2011 年（平成 23 年）总务省的数据，日本餐饮店的数量有七八万家，从业者超过了 570 万人。尽管如此，你不觉得《日经餐厅》的发行数量太少了吗？只有约 2.6% 的店铺订购，也就是说 100 家店铺里订购杂志的都不够 3 家。从从业人员的数量来看，订购的仅占 0.35%，即 1000 个人里面只有三四个人订阅。

当然，行业杂志除了《日经餐厅》，还有《食堂月刊》《月刊餐饮店经营》《美食日报》等，单是这个数字可能无法说明什么，但我认为餐饮店的店主以及其他从事这个行业的人学习不足。

行业杂志上刊登了很多人气店铺的事例。有能让自己的店铺朝着好的方向发展的思路，为什么大多数人都没有去学呢？对于想要打造"不倒闭的店铺"的人，我希望最少也要订阅一本杂志，可以的话要看两本以上的杂志。

还有，读行业杂志，可以抓住饮食行业的潮流。虽然有的人觉得"和潮流没有关系"，但即使没有追逐潮流，我也希望你能知道时代的动向。因为无论怎样店铺都会受到时代的影响。所以肯定是自己积极应对比较好。

如果有充裕的时间，也可以将目光转向行业以外的事情。看新闻是必需的，研究服饰和杂货店的潮流也是可以的。很多时候，你可以从其他业界获得意外的灵感。也就是说对社会的动向竖起天线，反应敏感。

在街上走的时候，餐饮店自不用说了，其他店铺是怎样的，使用了什么样的设计，顾客群体怎么样等，一边走一边留意。就算是留意下擦肩而过的人们的穿着品位，也能感觉到有不一样的空气。

"只要推出的东西好吃，顾客肯定会来"的时代早已结束了。现在，人们追求的是什么呢？怎样做，才能提供和顾客需求相吻合的商品和服务呢？即使是个体店铺，这样的分析也是非常重要的。

法则26 个体店铺生存的兰彻斯特战略经营

你有听说过"兰彻斯特战略经营"这个词语吗？

这是将英国的弗里德里希·兰彻斯特（Frederick W. Lanchester）所设计的军事作战方程式里的一种，运用到了市场和企业经营中去。

虽然在这里无法详细说明，但对于经营小规模店铺来说，这是个非常有效的理论、战略。以竹田阳一的著作为首，有关兰彻斯特经营的图书已经出版了很多本，所以请一定要读一本。

简单来说，兰彻斯特经营的特征是"小规模一位主义"和"部分一位主义"。

小规模一位主义就是说**找到规模小的领域并做到第一**。想到大公司还没有出手的或者还没有加入的行业。还有，如果竞争店铺多，稍微改变一下方向进行差别化，并在那领域内做到第一。

部分一位主义指的是，**专注部分领域做到顶级的战略**。例如，思考专注于某一个地区，成为半径 5 公里内的行业第一的战略。另外，将顾客群体集中在三十岁年龄段的女性上班族，如果能得到这些顾客的支持，自己的店铺就能成为第一——就是要对店铺进行这样的定位。

兰彻斯特经营被称作**"以小胜大的战略"**，我们可以从中学到非常适合个体店铺的原则。我自己也有学过，而成功经营个体店铺的人，很多时候在无意识中实践的也是兰彻斯特经营战略。这些人可以靠直觉发现市场的缝隙并进行差别化经营，从而可以锁定特定的领域和顾客群体。

如果是这样，先学理论会比较稳妥。请一定要在经营店铺时实践兰彻斯特理论。

当然，并不是说这样做就能万事顺利了。我从上大学的时候开始就很喜欢松下电器（现在的 Panasonic）创始人松下幸之助的著作，现在我也还经常反复读。彼得·费迪南·德鲁克（Peter Ferdinand Drucker）也给予了我很多经营上的启示。

你就是经营者，所以你必须学习。这跟你是只有一家店铺，还是有 100 家店铺无关。

法则27 **不花钱宣传·吸引顾客**

雨后酒吧刚开业的时候,我其实就是在实践兰彻斯特经营法。当然那时候我并不知道有这个理论的存在。回过头来看,我的做法中符合这个理论的可是出乎意料地多。

其中之一就是"**中洲姐妹作战**"。在中洲这样的欢乐街工作的女侍应生会主动联系顾客,约在店铺以外的地方见面,也能达到吸引顾客的目标。我也做了相同的事情。

顾客来到店里,拿到顾客的名片后,第二天中午前给他打电话,邀请他过来吃午餐。"如果可以,不如叫昨天一起来的那位同事也过来"。就这样,在 11 点半开始的约一个小时内,就有三四个人在一边吃饭一边谈笑风生了。

为什么说是 11 点半呢?其实从 13 点开始,我们也做了同样的约定。当然,那样中午饭我就吃了两顿,但我还年轻,没什么关系。从 15 点开始就是下午茶时间了,可以在咖啡厅和顾客见面并和顾客聊天。

这个时间我是绝对不会请对方去店里的,如无意外这账是我付的。可是你想想,店长主动邀请你,特意出来和你见面,还请你吃饭。那家店，你岂有不去之理呢？

像这样单打独斗的应酬，我每天都在持续着。兰彻斯特经营法非常注重缩短和顾客之间的距离感。也就是说，不像杂志广告那样远距离地宣传店铺，它讲究的是有效的一对一战略。跟成本高昂地打广告相比，这样的解决方式不仅成本低，而且效果非常好。虽然我并不是说要像我这样一天吃两次午餐，但和顾客联系在店外见面的方法，请一定要尝试一下。

当然主战场还是在店内。对小店来说重要的是，如何让来过一次的顾客再来一次。在这个意义上，服务场景就是宣传店铺的最佳机会。要尽全力地使顾客享受其中，一直到最后的那声"谢谢本次惠顾"为止。

还有就是，时常记得尽可能多地获得顾客的信息，并将这些信息活用到推广活动中去。例如生日时给顾客打电话，来店的时候就赠送礼品。这样能一下子就缩短与顾客之间的距离。

我笔艺不精，当然是打电话的，但你也可以选择写感谢信。但最近用邮箱的人多了，也正因为这样，如果收到手写的明信片，顾客会更加高兴。你所花费的也只是明信片费用而已。这可以说是效果非常好的宣传、广告活动。

直截了当地说，小店不可打广告。如果你认为只要掷钱就会有顾客来，就大错特错了。因为它只会削弱店铺的实力，所以，基本不能依赖广告，包括杂志、互联网在内。

另一方面，不花钱也可以做的方法有很多。当然，**你需要花心思、体力和时间**。但是，你付出的肯定都会有回报。为了打造不倒闭的店铺，要不惜劳力，持续进行接地气的宣传活动！

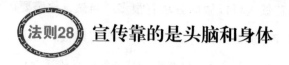

法则28 宣传靠的是头脑和身体

"只要东西好吃，人就会来了"——这句话恐怕在距今几十年前就开始通用了吧。要味道好那是自然的，接待方式、环境、服务等都需要用心，否则就得不到顾客的支持了——现在已经变成这样的时代了。

不过，无论做得多好的店铺，如果其存在不为人知，那它对顾客来说就等同于"不存在"。对于刚开业的店铺来说更是如此，必须让别人知道它的存在。

然而，正如我已经说过的，打广告对小店来说如同禁忌。所以还是想想靠头脑和身体实现宣传的方法吧。

首先是传单。自己制作怎么样呢？店铺理念、料理内容，以及你希望在什么场景中使用传单。将你的想法写在广告标语里吧。如果你无论如何都想不出宣传标语，就说"我很喜欢这条街，很喜欢这个地方，所以我开了这家店。我很努力地经营，欢迎光临!"不也很好吗？

剩下的是住址和电话号码，简单的地图就可以了。如果附上团购券，则效果更好。当然，不要勉强。靠低价吸引顾客并不是明智的选择。

不懂设计也没关系。相反会有种令人觉得温暖的感觉。多写几次，慢慢就熟练了。所以不要害羞，积极制作传单吧。

其次是参照地图，画个以店铺为中心的半径五公里的同心圆。这就是你要一决胜负的领地，也就是搏击台。就像碾压式作战那样不断进击吧！当然，一天完成全部是很困难的，所以确定每天负责的区域，专心地去派传单。如果有公司或者店铺，进去先跟对方说声"突然打扰您，不好意思……"，然后说明来意，再把传单直接递给对方。效果会更加显著。

没有顾客的时候，就去店铺外面发传单。"我们店是新开的，请多多指教。""我们的招牌菜是××，你肯定会喜欢的，请一定要来试一试哦。"用真挚的态度一边跟别人打招呼，一边亲手将传单递给对方。

实际上，我曾经问过店铺倒闭了的店主，原来他们从来没有用过这样传统的广告方式。也有人说："这就像是对人谄媚似的，我才不屑做这个。"我们和抱有这种想法的人划清界限吧。因为眼下我们关心的是如何打造不倒闭的店。

我也推荐使用 Facebook 和 Tweeter 等 SNS 进行推广。几乎不用花钱，就可以达到宣传店铺的目的。不要擅自断言"我是不怎么上网的人"，你可以试着读一下关于宣传的指导书，或者和擅长电脑网络的人交流，将运营委托出去。

如果这样也不行的话，现在也有承接网站日常运营的公司。虽然每个月都需要花钱，但有费用较少的套餐，在充分考虑性价比的前提下，外包出去也是方法之一。

还有一个是，新闻登报也有可能产生大的影响力。写好介绍店铺的文章，拿到当地的杂志社、报社、电视台等去。你是什么样的店铺，可以怎样利用它。到开业为止都有哪些故事。内容如果有特色的话，也有可能让杂志和综艺节目免费帮你播出。

即使不是刚开张的时候，也可以策划店铺活动，并将策划内容发送给媒体。如果能召开记者和编辑的发布会，被公众认知的可能性会更高。所以不花费一块钱，也能产生强大的广告效果。

无论怎么说，**宣传靠的是你自己的知识和实力**。不惜努力，全力进行宣传吧！

不倒闭的"人才管理"

法则29　大大方方共享理念

一般来说，公司都各自有自己的企业理念。

我认为即使是一家店，其理念也是很重要的。

我这样说，可能有人会反驳说，"这样的小店铺，理念有必要吗？"但是，有理念和没理念的企业，成长速度是完全不同的，规模越大的企业越需要理念。最好在早期就打造好你店铺的理念。

那么，怎样做才能打造理念呢？首先开店，在运营下去的基础上，思考一下你想要什么。也就是说明确事业的目的。

如果，你事业的目的只是"想要赚钱，存钱"，是无法理念化的，店铺的持续经营会很困难。请再深入地思考一下。

如果是餐饮店，假设以"为这个地方提供健康的饮食，让在附近工作的人们变得更加健康"作为目的，那么这家店的理念就是"为这个地区的人们的健康贡献力量"。

如果是服装店，目的是"介绍从欧洲采购回来的新时尚，满足人们对时尚的热爱"，那么理念就是"第一时间传达海外的时尚动向"。

一开始没有必要设定太高大上的理念，就算不完美也没关系。因为理念肯定会随着店铺的成长而成长。

其次，制定的理念一定要和员工们共享。可以每天开早会的时候大家一起念。也可以贴在大家都可以看得到的地方。千万不要说"现在还不是做那些的时候"，一定要积极推进。

我之所以这么强烈建议，是因为我自己有过惨痛的经历。那段时间，我失去了目标，对自己的店铺没亲自监督而导致店铺亏损。说实话，其实我已经严令各家店铺的负责人要"对数字更加认真些。这样下去公司就倒闭了"，但实际一见面，就又只会说一些不得罪人的话。

这是因为我自己有顾虑。我觉得讲数字的姿态不好看，不喜欢让别人觉得"你就是为了想赚钱才说的"，而这种心理战胜了我。

另一方面，我也希望，"让公司更加稳定，让员工有丰富安稳的生活；想要扩大店铺。与此同时，让店铺里绽放出更多的笑容，发展店铺的同时也培育人才"。但这些话我终归羞于启齿，无法充分地传达给员工。

如果能将店铺的目标，也就是理念与员工共享，业绩是不会下滑的。即使业绩恶化，也能和员工之间达成"为了实现我们的共同目标，大家团结一致奋斗吧"的默契。

力之源公司的企业理念

为了不变
而不断改变

创业的精神

我们希望，
能成为不断创造新价值的集团。
作为人类最美好的交流之源，
将"笑脸"和"感恩"与我们所创造的价值
一同传达给世界。

纯粹想赚钱的人，身边聚集的也是只想赚钱的员工。如果有其他更划算的工作，他们往往就轻易辞职了。你在他们的背后破口大骂，然后又招一批同样只想赚钱的员工。

你应该不想重复这样的事情吧？为了摆脱这种循环，就要确定理念并和员工分享。请从今天开始吧！

法则30 不妨立个旗帜

思考店铺目标的时候，抛弃那种放低姿态的心理，大胆地立个旗帜吧！就算是被人说"夸夸其谈"也没关系。重要的是，与和你一起工作的员工分享目标。

1985年（昭和60年），我开设一风堂一号店铺的时候，我就在心里发誓，"将这家一风堂发展成为在福冈开拉面店的人都必须来看一看的店铺"。在当时的我看来，福冈的拉面行业还维持着一种很古老的模式。虽然我当时还是个十足的愣头青，但想要打破那种状况的心情却是非常真实的。

我想要自己的店铺旺起来。与此同时我还看到了一个更大的目标。这是个使得共事的伙伴一听就想为此奋斗，并更加支持我的目标。

1994年（平成6年）年，进驻新横滨拉面博物馆（拉博）的时候，我的目标变成了"搞活整个拉面行业"。因为这个旗帜，不仅是我们公司的员工，很多进驻拉面博物馆的店主也帮助了我们。

现在，我们一风堂抱着"使拉面成为世界共通的语言"的志向，在世界多个国家和地区开店。我真的希望能使拉面成为继寿司、天妇罗之后的世界级料理，而且我自豪地将这个作为我们一风堂应该实现的课题。

这里希望大家注意的是，**"大义"这个旗帜也会随着店铺的成长而不断变化**。一号店开张时，我完全没有"走向世界"的这种想法。改变福冈拉面行业的这种想法对当时的我来说就已经是考验了。

然而，从现在这个节点往回看，没有人会将那样的远大抱负视为是"可笑的"了。如果有人觉得你"夸海口"，说明你定下的目标是刚刚好的。

每当实现自己的想法，过去的"大义"就显得小了。请带着这样的想法，自由地描绘你的梦想吧。

法则31　从开业初期就要严格执行店铺规则

你的店铺有规则吗？

有明文规定吗？

我想应该有很多店铺，虽然好不容易形成了潜移默化的规则，却没有在工作中认真传达过，没有准确地形成明文规定。

对规则进行明文规定，和全部员工共享吧。

"打招呼时要精神饱满，面带微笑。"

"每天勤快整理整顿休息间、冰箱。"

"积极交换名片，让对方记住你的名字。"

"下意识记住顾客的长相和名字。"

"陪顾客走到路边，目送顾客离去，直到看不见为止。"

就像上面那样，将店铺的规则写出来。

提醒员工的时候，如果有清晰的规定，就不会产生多余的摩擦。因为他打破的是明文规定的、大家都遵守的规则，所以可以请他相应地注意那一条。然后你就可以问他为什么没有遵守规则，还可以和他沟通那个规则存在的意义。

"博多一风堂" 现场十则

我们很自豪成为力之源公司的一员，我们会遵守现场十则。

1 为了让顾客的心情瞬间明朗
我会衣着整齐，精神饱满地跟顾客打招呼

2 为了形成团结一致的团队，彼此信任互助
我会和员工以名字相称，和员工打招呼时眼睛注视着对方

3 为了店铺能成为无论顾客什么时候来都会露出笑脸的店
我会彻底搞好厨房、餐厅、厕所的卫生，保持空间清洁美丽

4 为了每日都能比前一天更好地、更安全地、更快速地工作
我会彻底整理整顿休息间，营造方便工作的环境

5 为了不让顾客等待
我会快速地提供正确的商品

6 为了让顾客舒服地坐到椅子上
我会座位空了马上就清理桌面

7 为了磨炼作为专业人士的言行举止
我会经常留意顾客目之所及的东西

8 为了能迅速回应顾客的需求
我接待顾客时，眼明、耳聪、心亮

9 为了让顾客带着还想再来一次的满足感离开
我会看着顾客的眼睛，笑颜欢送

10 为了让每个人都能成长，有更大的贡献
我自觉是"力之源"的一员，贯彻团队合作

另一方面，如果规则没有明确化，那么其基准因人而异，则很容易造成混乱。

"老板一直都是这样做的，我也照着来做了，却被骂了。谁是对的？啊啊，真是让人恼火。"

这样的事情在经营店铺的时候是常有的，但这是完全不该发生的事。如果大家都用一样的规则工作，那么不仅效率高，工作起来心情也好。

关于规则方面，一开始没有必要追求完美。**把你注意到的细节，逐渐补充上去就可以了**。在这个过程中，所有东西都得到整理，形成了原创度高的规则。如果能坚持执行下去，还有可能成为在店里工作的人的行动指南。

共享的项目不断增加，公司的规则就慢慢转变为公司的风格，店铺的特色，而这是能传达给顾客的。

但无论如何都要避免的是，规则明确成章却被束之高阁。遇到事情时就要确认，加深大家对规则的理解。

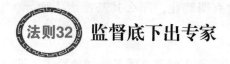

法则32 **监督底下出专家**

虽然这么说，但个人经营的店铺确定规则并不是那么容易的事情。你自己和员工的个性，在大多数情况下就是店铺的魅力，一旦受规则束缚，其魅力就有可能减半。

然而，请思考一下。对于顾客来说，这真的是一件好事吗？

例如，你留着引以为豪的长发和长胡子。对于你来说这是展现个性的重要亮点，但从清洁感的意义上来说又是如何的呢？皱皱的衬衫和复古的牛仔裤，在顾客的眼里可能就是不修边幅。

例如，你自己可能觉得你在酒吧的柜台里吸烟是理所当然的，但可能有顾客留意到烟味已经窜到你的手指上，烟灰落到玻璃上了。

也就是说，要想着所有事物都在顾客的视线范围内。要将自己的心态从做自己想做的，调整为追求顾客想要让你做的。

反过来说，让**自己朝着顾客要求的样子不断改变，慢慢地你会充满魅力**。我将这称为**"监督底下出专家"**。

强烈意识到你是在被顾客看着的，"让对方看到更加帅气的自己，更加漂亮的自己"的心情就会变得强烈。

"博多一风堂"着装标准（男女通用）

头部

- 只佩戴一风堂的方巾（红色·深蓝色）
- 头发修剪整齐，保持在衣领以上的长度（男性）
- 齐肩长发扎起来绑在脑后（女性）
- 卷方巾时，两只耳朵露出来
- 方巾的扎口尽可能短
- 正式员工使用黑色毛巾，不使用方巾
- 刘海和后面的头发全都塞到方巾里，露出眉毛
- 头发的颜色是黑色或褐色的
- 每天刮胡须（男性）

身体

- 只穿一风堂的T恤（深蓝·褐·黑·白·红色）
- 穿着整洁，每天换洗
- 汗多者可随时更换服装，或者穿浅色（黑·褐·深蓝·灰色）的内衣
- 下装穿黑色或者米色的长裤
- 不穿胯下宽松的衣服
- 不穿破衣服
- 裙子过长的情况下严禁卷束，必须修剪裙摆至合理长度
- 穿指定的Sanikleen（品牌名）的围裙
- 用指定的物品将员工卡佩戴在衣领上

鞋子

- 穿着指定的鞋子（禁止穿长靴）
- 禁止穿脚后跟露出来的鞋子
- 随时确认鞋子上面有没有污垢

其他

- 保持指甲剪短的状态
- 不佩戴首饰（耳钉、手镯、手表、戒指、项链等）
- 避免浓妆，化妆要自然，符合常规（女性）
- 不使用香水（女性）

在顾客面前不可以做的事情

1 说无关紧要的话

2 用手接触顾客头部以上的部位

3 不洗手就去跟进

4 一言不发地让顾客等待

5 接待时态度冷淡，不热情

6 看着桌面脏乱而不管

7 交叉手或脚，打呵欠，双手插入口袋里

8 背靠墙壁或者物品

9 和顾客发生争论

10 和员工发生争论

11 在顾客面前训斥后辈

12 说他人的八卦或坏话

慢慢地，你就会有"认真整理衣着""挺直腰杆干活""用最好的笑脸打招呼""麻利地干活"等积极的想法。

首先，作为店主的你要强烈意识到顾客的视线。顾客会比你自己想象的更加注意你。

在这个基础上，要向员工渗透"监督底下出专家"的观念。就算是兼职，在顾客看来都是店员。既然站在店里，就要有专业的意识。

如果能有越来越多的员工认为自己是专业的，制定规则也就没那么困难了。员工意识到别人在看着自己的同时，会产生"要是被别人看到这种态度就太羞愧了"的价值判断，进而更容易理解规则的意义。

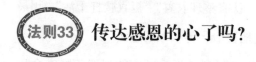

法则33　传达感恩的心了吗？

你传达对员工的感谢的心情了吗？

是不是觉得"我雇了你，我才是应该被感谢的那个"？

如果没有员工，店铺就无法运转了。正因为大家都是在你的指导下工作的，今天才能一如既往地开门做生意。请无论如何，有机会就传达一下你感谢的心情。

相反，经常能在营业时间段的店内，看到店主斥责员工的场景。从店主的角度来看，可能会觉得"这不会引起顾客反感的心情"，或者"只是想让这位员工成长"等，认为根本的出发点是好的。但是，在店铺里怒斥这件事本身，对顾客来说就是困扰。

被怒斥的员工也会发怵，你的想法和心情根本无法传达到。因为他把你关在了心外面。

失败的时候，出现问题的时候，责怪员工原本就是无理的。因为这是由于自己指导不到位引起的。而将这个职责交给员工的也是你自己。要在反省自己后，一起和员工讨论为什么会出现这样的问题。

是否能意识到失败的责任全部都在于自己，这体现着领导的本事和器量的大小。

举个极端点的例子，如果销售额的总和和收银机的钱对不上，你会怎么办呢？

如果不得不怀疑是哪个兼职员工偷了，那么这无论对于哪一方来说都是不幸的。即使是有不正当行为，营造能发生不正当行为的环境的，却是店主你自己。盗窃的人固然不好，但是，制造了这种环境的自己更是罪人。要形成这样的思维方式。以此为基础，"找零钱的时候找错了吗？""从收银机里拿钱去买什么东西了吗？"……不断查找原因就好了。

为什么这么说呢？因为你和员工一天都在一起，可以和他们交流。这一点是大企业绝对做不到的，如果没有灵活运用，就太可惜了。和员工的关系亲密的话，店铺的经营就变得轻松有趣起来。

这一切的前提是首先要有感恩的心。一定要传达对员工的感谢之情。

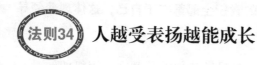

法则34　人越受表扬越能成长

　　要想让员工快速成长，最好的办法就是表扬了。

　　即使对你来说很理所当然的事情，对员工来说可能就是重大的转变。"昨天无法做到的事情今天就可以做到了""可以记住顾客的名字""顾客来店时也会打招呼了""给店员吃的伙食餐也可以做得很好了""还有得到顾客的感谢等"，无论是什么样的事情都可以表扬。请养成无论发生什么，都表扬员工的习惯。

　　其实，批评别人是很简单的。请评价一下你自己。优点和缺点，哪个比较多。恐怕很多人都会觉得"缺点比较多"吧。但换句话说，"能让人自豪的地方"也有几个吧？我自己就算这样问自己，也很难得出答案。

　　没错。无论是什么人，都有很多缺点和不足，这些还远远比优点多。所以找到缺点是很容易的。而且找到别人的缺点，对别人加以批评，就能让自己保持在比别人优越的位置上。所以渐渐地就只能看到别人的缺点，批判别人。

　　另一方面，怎样发现别人少数的优点是一个有挑战性的课题。这需要逆向思维，首先就是表扬。你肯定会觉得"他没有什么好的地方，不值得表扬"。可是，如果你管理一家店铺，就总会有一些好的事情。

那个时候就不要错过时机，抓住机会表扬对方。这样一来员工受到表扬，就会注意到自己的优点和美好的地方。加以留意的话，他的优点会慢慢变多，总有一天会成为所有人都认可的"可以让人引以为豪的人"。

这样的想法并不停留在对人的看法层面。之前我已经讲过"店铺对比"了，这也是同样道理，别家店铺的缺点是很容易发现的。发现"那个不好，这个不行"的细节，的确有利于作为反面教材。但是，在那个时候，你应该觉得"自己的店铺也有可能有同样的问题"，即使你认为"我自己都能做到，这家店却做不到"，带着优越感去看待它，是毫无意义的。

重要的是，发现优点，什么地方好，为什么顾客蜂拥而来，一定是有理由的。带着发现他人优点的眼光，好好观察吧！

我再重复一下。**让人成长，除了表扬之外别无选择**。生气、怒吼，只会让对方把心门关上。多点表扬，会让对方发挥更多优点。

法则35 懂得严格批评的才是领导者

另一方面，既然是经营者，有时候就不可避免地要严厉批评下属或者后辈。这也是需要勇气的。

就我自己来说，曾有很长一段时间都无法认真批评员工。我反省过，可以断言，"只能说大家的好话的领导者并不是真的领导者。懂得认真批评别人，他的领导能力才会开花。"

批评别人的时候需要的是情感。如果没有情感，那就成了纯粹的诽谤、中伤、非难。即使被批评，对方也不会成长。如果只是因为自己焦躁而对人严厉批评，那就不是"批评"，而是单纯的"发怒"了。估计谁都不想跟这样的领导吧。

最近我听说，无论是随意怒斥自己孩子的父母亲，还是害怕反过来被孩子们讨厌而不敢批评自己孩子的父母亲都增多了。不过，大多数父母亲都不是以自己的情况和得失判断来批评的。只是，为了孩子能有一个好的未来，出于深深的爱而批评的。

对员工也是一样的。至少要为了对方，让对方的人生变得更好，要包含这样的强烈的愿望去批评。

实际批评的时候有些事情是需要注意的。就是不要以负面的词语结束。一不小心，"为什么这样的事情都做不到!"就破口而出了。可是，斥责对方能力低下是没有任何意义的。本来将工作交给他的就是你自己。

"听好了。如果你再犯同样的错误，今后就没办法成长了。为什么自己没有做到，好好思考吧。虽然可能会花点时间，但你一定可以。"

你这样提醒，想必也是为了给他打气。**诀窍就在于，不好的方面严厉批评，好的方面也要实力表扬。**

还有，**留有余地也是很重要的**。你和员工之间没必要非要分出个胜负。将对方批评得体无完肤，完全击垮，只会削弱店铺的其中一环。实际上你应该与对方同时成为胜利者。批评的时候多些细心的提醒，至少不要把对方逼到死胡同里。

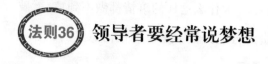

法则36 领导者要经常说梦想

领导者最重要的资质就是预言家（拥有展望未来能力的人）。拥有描绘未来的蓝图的能力，员工就会追随你。

到了这个阶段，你应该已经有了对将来的梦想，而且将它落实到了目标上。每个想法都要和员工共享。**一次两次是不行的，最好能每天都提起。**

回想起来，我创业开始的头十年在这一点上做得不够。当然，我是有梦想的。我会和朋友或者是顾客激动地诉说我的梦想。但一到了员工面前，我就觉得尴尬。

"平时都是开玩笑的，怎么今天这么一本正经的""现在才三家店，还想开更多的店，做白日梦吧""说得好听，但根本还是想让自己多赚钱吧"。

我从心底里害怕被人这样认为。我不想被人误解，也不想被人讨厌。所有都是因为我弱小的心灵。

尽管如此，只要我自己进入店铺，因为平时有日常交流，我并不会那么强烈地感受到和员工之间的鸿沟。一离开店内，因为没有了共同的梦想和理念，关系一下子就疏远了。员工开

"博多一风堂"
早会的目的

为了成为受顾客欢迎的店铺，
提高员工的积极性。

全部人参加，
分享店铺信息。

认识早会，在早会中成长。

早会的重点

1 一定要带着笔记本和笔记用品

2 严格遵守时间

3 全员参加

始说我的坏话。明明我是因为不想被误解才没有说我的梦想的，但正因为不说而被误解了，导致了这种令人觉得讽刺的结果。

为了不变成这样，平时就要谈梦想，和员工一起聊理念。利用早会和晚会，反复重复相同的话。

如果你不在的时候，这家店铺的员工会对自己的后辈说"我们店铺将来……"，或者"我们一起工作的真正的目标并不是单单为了赚钱……"，员工之间能这样相互交流的话，那店铺是不会倒闭的。

法则37 前人照亮后人

Chikaranomoto 公司的员工经常会把 "前人照亮后人" 挂在嘴边。作为宣传标语，这句话很简洁，但正因为这样，很容易传播，谁都可以用；不仅如此，仔细一想，还意外地有深意。我想，这就是这句话为人们所熟悉的原因吧。

有句话叫作 "一灯照隅"。

能照亮一个角落的就称之为国宝。据说这是最澄从中国古籍中引用的一句话。他是日本天台宗的始祖，是个在近江的比叡山创立了延历寺的传教大师。

中国的魏王说："我国有 10 颗直径一寸的宝珠，那是我们的国宝"。对此，齐王回答说："我国有能照亮社会的角落的人。那才是我的国宝[1]"。

受到这个故事的启发，思想家安冈正笃一直在呼吁 "一灯

---

① 原文出自：魏王曰："若寡人国小也，尚有径寸之珠照车前后各十二乘者十枚，奈何以万乘之国而无宝乎？"威王曰："寡人之所以为宝与王异。吾臣有檀子者，使守南城，则楚人不敢为寇东取，泗上十二诸侯皆来朝。吾臣有肦子者，使守高唐，则赵人不敢东渔于河。吾吏有黔夫者，使守徐州，则燕人祭北门，赵人祭西门，徙而从者七千馀家。吾臣有种首者，使备盗贼，则道不拾遗。将以照千里，岂特十二乘哉！"

照隅"的重要性——"贤者贤，愚者愚，如果能数十年坚持一件事情，一定会有所成就的，没必要称这些人为伟人。无论在社会的什么位置上，都可以成为那个位置上不可或缺的人，通过工作为世人做出贡献。这样的活法何尝不可。"

我被他的话深深地打动了。

我年轻的时候看不到活着的目的、目标，半途而废，生活上总是给周围人带来麻烦。我实在是愚钝。但我也只能感叹自己能力的低下。安冈的话语让我意识到，"愚者愚，餐饮店的店主就是餐饮店的店主，拉面店的店主也有做拉面店的店主应该做的事情，有他自己的活法"。

即使是小小的灯也无所谓。因为我也可以照亮这个社会的片隅。

如果你也能发出点点光亮，首先自己的脚下就会变亮，前进的道路就会变得更加明确。然后，那个灯光会成为后来的人们的路标。

你可能会觉得自己就是一道微弱的灯光。但对处于黑暗之中的人们来说，那就是无与伦比的珍贵的灯光，可以获得安全感和勇气。希望我们每个人都是一盏小小的灯。

"前人照亮后人。"

这句话我也经常挂在嘴边。

当然，一开始发亮的，就是店主你自己。用你的光辉告诉后来的人"你也可以发光"。可以发生像这样的良好的连锁反应的店铺，难道会倒闭吗？

法则38 不营造排外氛围

通过各种各样的体验和对话，你和全部员工达成共通的意识，成为强大的团队，对打造"不倒闭的店铺"来说是极为重要的内容。

但我不希望你们误解我说的是"关系好的小团体"。"亲兄弟也要讲礼仪"都是理所当然的，必须是相互遵守自己确定的规则，有强烈意志的、不相互勾结的团体。

让我们来思考一下没有严肃的氛围，店主和员工只是纯粹关系好的店铺。当然，与员工总在跟店主咆哮的店铺，以及阳奉阴违、店主和员工相互隐藏真正想法的店铺相比，关系好的店铺要好得太多了。

然而，员工之间过分撒娇、依赖的关系，会影响到和顾客的关系。因为有可能让店铺变成只有常客聚集的、排他性的空间。

在西部剧中，经常有主人公一进入酒场，全部顾客就一瞬间停止了说话，用一种怀疑的目光凝视着站在门口的主人公的场景。店主和员工之间、员工和员工之间，还有在店铺里工作的人和常客之间过于亲近地谈话，这样的店铺**对新顾客来说并不是什么友好的空间**。

在一家 15 坪的餐吧，店主和员工是业余棒球队友，顾客大多数也是和棒球有关系的人。常客会保留喝不完的酒，时不时来店再喝，但只要他们一坐在吧台旁开始聊天，店主和员工都凑到那边去，而无法顾及整个店了。

另外，常客会想着"尽量吃喝点便宜的"，导致顾客消费单价上不去。店主虽然知道这是个问题，但不想破坏和他们的友情，认为能够一起聊天就很开心了，比没有顾客要好多了……进而没有出手解决这些问题。

结果，开张 6 年后，只能将店铺转让出去。虽然有常客支持，维持了相对比较长的时间，但仅这样是不够的。亏损越积越多，最后只能以倒闭收场。

常客是很重要的，是店铺的瑰宝。但如果不建立起适当的关系，就有可能发展为阻碍店铺发展的原因。

为了不让这种事态发生，首先必须建立店主和员工之间的上下级关系。私底下可以是"朋友"或"玩友"。但是，**只要站在店里，就应该扮演好店主和员工的角色**。

第 5 章

不倒闭的"基本行动"

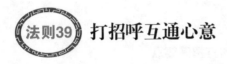

法则39 打招呼互通心意

"怎么样才能改善店铺的经营状态?"

被这样问的时候,我的回答极其平凡。

"好好打招呼,专心搞好店铺里外的卫生,彻底做好整理整顿。"

我只要一这样回答,很多时候对方脸上会浮现非常遗憾的表情。他肯定是在心底觉得,"仅靠这样,不可能让店铺生意好吧?"

"肯定有更加秘密的技巧,可以让店铺生意好起来的奇策。这个人肯定不想拿出来吧?"

有人有可能是这样认为的。但其实并不是这样。店铺归根到底是忠实于基本问题。所以为了让店铺经营好转,必须把基本做好。

首先从打招呼开始说起吧。员工之间的打招呼是互通心意的基本方式。我以前说过"店铺就是舞台",为了在舞台上演绎好节目,全体员工必须经常互通心意。其中第一项就是打招呼。

打招呼(挨拶),原本是禅的语言。"挨"即押,"拶"则是

103

博多—风堂的打招呼要点

1 自己先打招呼

2 精神抖擞地打招呼

3 打招呼时看着对方的脸

4 打招呼时不要忘了面带笑容、讲究礼节

5 别人和自己打招呼时，一定要有回应

6 即使不能回应别人（正在接待顾客等），也要
眼神示意

7 不说"你辛苦了"，而说"谢谢"

8 吃饭时打招呼

9 休息时打招呼

10 在卫生间遇到时打招呼

推动的意思。在禅宗里，为了试探门下僧的领悟的深浅，而进行不断推问的事情叫作"一挨一拶"。这个词语后来被省略，变成了"挨拶"。

说到"押"（押す），还有一个词叫"推"（推す），它的意思是"推察"。虽然打招呼看起来是纯粹的话语交换，但在我看来，**那其实是相互推察的交流**。

原本，"早上好""下午好"都是有其语言本身的意思的。但是，相互问早安，没有人会认为对方是在说"啊啊，他今天的时间好早啊"。而是通过推察音质、音调高低、表情、身体动作等，猜测对方的现状。其实，与其说我们在推测"早上好"的意思，不如说我们是在**互相解读言外之意**。

如果疏于推察，不用心打招呼，就会传达出"我对尔等没有兴趣"。这样子的话是没办法实现好的团队工作的。

工作中的相互响应也是一样的。从"有新订单了""好的"这样一来一往的交流中，你可以猜想到对方现在在想什么，希望你做什么。如果能推察到这份儿上，团队的动作会额外高效。

最基本的就是一开始的打招呼。作为店主，你首先要对着员工们精神饱满地打招呼。然后在早会开始的时候，全体员工一起精气神十足地互相打招呼。坚持做这个事情，老老实实执行三个月，店铺肯定会有所改变。

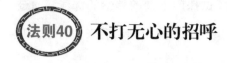

法则40 不打无心的招呼

通过打招呼，全体员工之间互通心意，调整好状态，这种方法还可以扩大应用到周围的邻居身上。也就是说，对进出店铺的往来客户、周边店铺的有关人员、在那个区域生活的人们都微笑着打招呼。

一般说到"布施"，说的是捐钱到寺院等，但原本这个词指的是带着慈悲的心施舍东西给他人。其实微笑打招呼被叫作"和颜施"，是布施的一种。和周围的人每天打招呼其实就是在进行"和颜施"，只要这样想心里就会觉得很开心。

当然，也要让顾客感受到员工精神饱满的状态。

首先，"欢迎光临"就可以给人不一样的感觉。

打招呼就是推察那位顾客是个什么样的人，为什么来到店里。用最美的笑脸和精神面貌向顾客打招呼，在那一瞬间必须读取顾客的状态。也就是说，这是个最需要紧张感的场面。

然而，不仅是餐饮店，不少店铺因为有气无力的"欢迎光临"而让顾客大失所望。没有注视顾客，机械地打招呼，会让顾客不快，还不如不打。

顾客离开时的"欢迎下次光临"也不例外。要带着由衷的感谢说出来，最好就是鞠躬直到顾客的身影看不见为止。

但是，不同的业态，有的实施起来很难。实际上，在拉面店，考虑到一天的顾客数量，花费时间送顾客离开有可能导致整体满意度下降。这样的情况下，在每一位顾客离去的时候，带着**"虽然我无法目送你离开，但我真心谢谢您，欢迎下次光临"**的心意，对顾客说"谢谢惠顾"。

相互之间的打招呼虽然平时容易被人们忽略，但仔细琢磨，也有可能是充满"深意"的。请和员工交流，"对你们自己来说，对这家店最好的打招呼是什么？什么方式的打招呼是好的呢?"然后，将自己店铺独有的打招呼的方式应用到所有顾客身上，并每天都保证做到。能做到这个程度的话，打招呼也会成为顾客纷至沓来的原因。

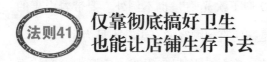

法则41　仅靠彻底搞好卫生 也能让店铺生存下去

当你走进一家濒临倒闭的店铺里，首先注意到的会是毫无斗志的员工。要么是没有"欢迎光临"的招呼，要么是即使有也是完全没有真心实意的微弱的声音。这样，店内就显得很冷清。

然后你会看到的就是，店内又脏又乱。地板上粘着油，黏糊糊的。一摸桌面，手掌就粘了油腻腻的东西。食物的残渣就这样停留在椅子的表面，店铺的角落里堆积着尘埃。

这些顾客看得到的地方还好，厨房就更加过分了。锅恐怕一次都没有擦得锃亮过；平底锅的油都凝结成块状，变形了；烤箱里全是食物的渣；墙壁也因为油而变成了褐色；油烟机上面因为油污粘满了灰尘。

难以描述的则是洗手间。我无法详细描述，但是倒闭的店铺的洗手间应该不难想象吧。本来是个要彻底清洁的地方，但不仅脏，而且还飘荡着令人不快的臭味。

听起来似乎是夸张了，实际上至今为止我见过好多次比这还要过分的店铺。每次看到的时候，我都恨不得说，"卫生都搞不好的人，就必须让他们离开餐饮行业"。

前些日子，在别人的介绍下，我去访问了据说已经开业 30 年的福冈市快餐店。服务员全都超过 60 岁了，店里并没有特别好吃的料理，店铺当然也是很古老的样子。我环顾周围，好奇"这家店为何能持续到现在呢"，我注意到了一个事情——他们的卫生做得非常完美。

我问老板娘，也就是那家店的经营者，"这卫生肯定就是您亲自搞的吧？"她微笑地点了点头。她原本是家庭主妇，但还没到 35 岁时丈夫就去世了，她为了生活开了这家店。因为老是觉得"我是餐饮行业的外行"，所以"我能做到的就是带着真心搞好卫生这样的事情了"，每一天都彻底做好清洁工作。

现在，店内的吧台、餐桌、椅子等几乎和刚开店时一模一样。除了更换墙纸和沙发套之外，甚至工具备品在使用的时候都很爱惜。店保持着让人吃惊的整洁度，让人觉得它根本还没有 30 年。

我敢说，这家店之所以没有倒闭，基本上全靠老板娘所说的"清洁力"。她的那种彻底清洁的劲儿是无与伦比的。虽然其他的要素只有平均分，但老板娘对清洁的执念，成为战胜 30 年的时代变迁的最大的力量。

一般来说，人们都觉得店铺"只要时间一长，变脏也是没办法的事情"。这个理所当然的事情可以被推翻了。只要认真地投入清扫，五年、十年都不会蒙上微尘。相反，椅子和桌子成为了古董，店铺整体飘荡着复古的氛围。也就是说变得"有味道"了。

还有一点就是，**尽量清扫店铺的周围**。如果把店铺周围的路当作通往自己店铺的道路，那也是店铺的一部分。这也是为了让顾客带着好心情来店，防止发生烟头、空罐子等将人绊倒的事情。而且，清扫周边道路也是对当地人的一种回馈。为了感谢他们让我们在那个地方做生意，坚持每天打扫，保持优美的环境。

为了打造不倒闭的店铺，就要彻底清扫。我想你已经充分认识到了，请再一次深刻地思考，如何改善贵店的卫生。

彻底整理整顿店内和休息间

还有一个基本法则就是整理整顿。

能够好好收拾的人，脑袋里的思路也是很清晰的。相反，日常脏乱的人的脑袋里也是一团浆糊。我认为这是对的。从经验上来说，桌面整齐的人工作更出色。我自己也在努力做整理。

那么，就将桌面比作脑袋，这样一来，没有整理好的桌面一旦被人看就会觉得不好意思。上司和前辈看你的桌子，说不定就是在判断你的工作作风和实力。

那么，如果餐饮店的置物架没有整理好，开放厨房的烹饪用具和食材乱七八糟那怎么样呢？那些会全部被顾客看在眼里。你传达出的是你是个多么懒惰、思维混乱的人。这是多么羞耻的事情，顾客对这样的你已经受够了，恐怕再也不会来第二次了。

顾客看不到的地方也要认真整理整顿。厨房的烹饪用具的摆放位置是否一如既往。有些人就经常因为"咦？那个放在哪里了呢？"而手忙脚乱。这是因为平时就没有把某样东西固定地摆在一个地方。所以导致想要什么东西才去找。厨房越不整理好会越忙，作业效率就越低。

与此同时，休息间也是很重要的。餐饮店的话，休息间主要是管理食材。如果那里乱，厨房和餐桌都不可能理想运转。

当天应该拿出来的食材不知道放在哪里这样的问题很容易发生。也就是说"先入先出法则"没发挥作用。损失率增加，食材成本也会增加。

好的整理整顿也方便员工明确什么位置摆放什么东西，如果能保持一直放置在那个地方的状态，那么谁都不会困惑，能快速投入作业中。相反，不整理的话，往往容易出现"喂，那个不在了，谁拿走了!"的问题，从而成为矛盾的根源。

为了顾客能愉悦地度过店内的时光，为了充分发挥团队协作的精神，也要牢记要彻底进行整理整顿。

博多一风堂5S

致力于贯彻以下的5S（整理、整顿、清扫、清洁、举止），
让职场环境更美丽

1S **整理**
（Seiri） 做好必需品和非必需品的
分类，扔掉废弃品

2S **整顿**
（Seiton） 将必需品放置在固定的场所，
做到随时能取出

3S **清扫**
（Seisou） 经常进行打扫，
保持职场环境清洁

4S **清洁**
（Seiketsu） 维持1~3（整理、整顿、清扫）

5S **举止**
（Sitsuke） 养成1~4的习惯，正确遵守规定和步骤

法则43 了解 "262 法则"

你知道 "262 法则" 吗？这是个在组织中的经验法则，说的是顶尖的 20% 的成员可以提高生产力，中等水平的 60% 不拖后腿，低水平的 20% 的人吊儿郎当。

这个 "262 法则" 对餐饮店的顾客同样适用。例如一风堂的一个店铺一天有 1000 个顾客光顾，200 人认为 "这家店非常好"，满意度高，600 人认为 "很一般"，最后的 200 人认为 "这家店很讨厌"，对此反感。我是这样想象的。

假设一家店铺每天会产生 200 个黑粉，那么全部店铺有多少个？如果持续一个月、一年，对店铺不满意的顾客又有多少人？这是个非常令人恐惧的计算。

我将减少这最后的 20% 对店铺反感的顾客当作我在店铺里工作的使命。如果能让这个数字接近零，至少这家店就不会倒闭了。我意识到这是通往人气店铺的第一步。

在经营者中，不少人对此持否定的态度。"不可能让 1 万人都喜欢你。他们的想法是，与其考虑不喜欢的那些人，不如将目光投向那 20% 的粉丝"。

当然，重视那20%的粉丝是很重要的，但不得不重视的是**"原本顾客是带着对店铺的期待光顾的"这个事实**。因为我辜负了他们的期待，他们才对店铺反感了。换句话说，是我们店铺方面的人，特意制造出了这些黑粉。

最后的20%，因为我们的错误，讨厌我们的店铺了。"店员板着脸""说明不充分""'欢迎光临'这些招呼问候不够""商品有问题""清扫不到位"等，所有都是人为失误。这明显是由于缺乏专业意识造成的，所以顾客没有任何责任。

我再说一次：**减少最后的20%**，是在店铺里工作的人的使命。

法则44 重新确认 QSC

从事餐饮业的人不得不遵守的、基本的且很重要的法则是"QSC 法则"。

根据日经餐厅发行的《餐饮店经营常用语集》，QSC 来自"品质"（quality）、"服务"（service）、"清洁"（cleanliness）的第一个字母。品质指的是，使用优质的食材，通过正确的调理方法提供美味的料理。服务指的是为了让顾客能愉悦地度过在店铺里消费的全部时间段，给予周到的考虑，在合适的时机提供料理，周到地接待顾客，并照顾到其他顾客等。清洁指的是店铺以及操作方式保持在食品安全卫生的安全状态，店铺、员工保持清洁感自不用说，店铺内外都彻底清洁，时常保持最佳状态。

为了提高各个指标的水平，我提倡实施"QSC 等级名单"运动。**和全体员工探讨产生店铺黑粉的理由，并将讨论的结果列出来。**

例如清洁方面，"桌面认真擦干净了吗？""休息间的整理整顿做好了吗？""店外的卫生也搞好了？"等等。

服务方面,"有打招呼了吗?""经常微笑应对了吗?""接单的时候态度友好吗?""商品说明充不充分?""提供的顺序正确吗?""订单有没有漏?"等等。

在质量方面,以拉面为例,"端给顾客时面汤还热吗?""对面的硬度要求不同的订单,我按照要求做好了吗?""有没有运用可以缩短供应时间的方法?""为了开发新产品有没有坚持研究?"……如果能认真思考这些,你会有无穷无尽的问题,也就是说单是这样都能让你的团队变得更加有深度。

假设是有 5 个员工的店铺,一个人一个月列出 10 项问题,那么就有 50 个问题清单了。持续一年的话就有 600 项问题。然后,决定每项问题的周期,一个不漏地进行改善。

而且,作为店主的你要每天判断个人完成的程度,在早会或者晚会上公布。这时候尽量举成功的案例,表扬对改善活动做出贡献的员工。

如果能持续这个做法一年,你的店铺肯定会成为不倒闭的店铺。

法则45 牢牢记住顾客的样貌和名字

作为最基本的法则，却意外地没有被彻底执行的是，"记住顾客的样子和名字"。

实际上不同的员工，所能记住的顾客的数量会有很大的差异。这似乎并不是"记忆力的差异"。现在，我对记忆力完全没有自信，但是雨后酒吧时期，我比谁都更能准确地记住顾客的样子和名字。归根到底还是意识的差别吧。

记不住顾客的样子和名字的人，将来店的人一律看作顾客。但再想一下，我们自己去其他的店铺，也是顾客，别人既不知道我们的名字，也没有关于我们的记忆，但这不代表我们就成为另外一个人。

也就是说我们平时称之为顾客的人，都是有着不同的名字和个性、家人和朋友、爱的人、梦想和未来的一个人。对了，就是和你一样独立的、独一无二的人。

例如对于今天第一次光顾的顾客，如果至少意识到她是一个有固定的名字和历史的个体，能记住她的概率就会蹭地上升。因为你会产生对她前所未有的兴趣。

这样的心情，有时候是自然而然产生的。那是在顾客是"你喜欢的类型的异性"的情况下。不知为何很想见到那个人。你想要知道，他是什么样的人，有什么爱好，品位是怎么样的。就是要将这样的心情扩大到其他客户身上。

我们自己是顾客的时候，在店铺里面觉得感动的是什么样的瞬间呢？**不就是认为店主和店员"很了解我"的时候吗？**顾客被尊重的瞬间，是会流露出喜悦，成为店铺的粉丝的。因此，我们要记住顾客的样子和名字。

我在雨后酒吧的时候，做了卡片，在那上面记下顾客的姓名、年龄、生日。当然，兴趣爱好和在店铺里消费的倾向等个人信息也写进去了。这样的卡片我估计写了不止 1000 张。

每当我怎么也想不起来那个人的时候，我就会去看这些卡片，但大多数时候，在我写的过程中我就记住了。不仅如此，提出顾客可能会喜欢的话题，向他推荐菜单、有时候有意无意地多送他一点东西的情况也是有的。很多顾客会因为"这家店的店主将我作为一个特别的人记住了"而感到自豪。然后，大多数都变成了常客。

我经常说，不是**"顾客来了"**，而是**"他来了"**。就像是对自己很重要的人，很喜欢的人一样，作为固有存在的人来店里了。这样想的话，自然就会产生感谢的心情，也会变得"想做些什么事情让他开心"。

意识一改变，就马上行动。

和员工一起，展开记住顾客的样子和名字的比赛。例如，包括你在内一共有 5 人的店铺，将每人每天记住 3 个顾客当作目标。

一个月里就会记住 450 人，一年就是 5400 人。如果，在那之中有 10% 的人成为常客，那么那家店还会倒闭吗？

不倒闭的"决心"

法则46 是否给顾客带来了消极的影响

人们总会有烦恼的时候，消沉的时候，心情不好的时候，疲累的时候。对于处于这种状态的人，店铺可以将他们往积极的方向去引导。

例如，看到喜欢的衣服，人们就会露出笑脸。在美发店做出超乎想象的好发型时，人们会感到幸福。和重要的人品尝美味料理时，就会形成"明天也加油吧"的积极心态。我把将人们的"气"导入"元气""勇气""活气""阳气""和气"等积极的气，看作经营店铺的人的使命。

然而，可惜的是，有时候会发生完全相反的事情。曾有过人来到店里，反而心情更加消极了的例子。

在这里也举个餐饮店的例子来思考下吧。

假设你经营的是比较大众的"街道餐厅"。

某一天，一对父母和那天迎来十二岁生日的少年一行三人，光顾了你的店铺。

前一天晚上，少年的父亲跟他说，"明天是你的生日，晚餐你就选个你喜欢的餐厅吧"。然后少年就说了你餐厅的名字。母亲说"再贵一点的餐厅也可以",但少年说:"这家就可以了。因为我之前吃过的番茄意大利面很好吃。"他还记得很清楚。

三个人带着兴奋不已的心情打开了店铺的门。然而,店员谁都没有注意到。

"那个,不好意思……"

父亲一开声,店员从里面慢吞吞地探出头来。顾客被带到座位上,被递给菜单,就连想点菜了也没有跟店员的眼睛对上过。因为对方正热衷于跟其他店员聊天。父亲想发火了,但没有说出来,再一次举手说,"不好意思……"

然后过了20分钟,点的菜还没有端上来。父亲终于说了今天第三次的"不好意思……",店员没有一点内疚的样子,说了一句"我听到了"就消失在厨房里了。

又10分钟过去了。终于被端来的料理是奶油沙司的意大利面。父亲发火了。

"这个和我点的菜不一样!还有你刚才的态度是怎么回事!"

母亲劝诫粗声粗气的父亲,但火上浇油。

"你是在帮这家店吗?"

"怎么会呢……今天是孩子的生日。"

"够了。影响我心情。我们走!"

试着考虑一下三个人的心情。尤其是少年的心情是怎么样的?只因为自己说了想在这家店吃,结果父亲和母亲吵架了,陷入到自责的状态中。

怎么样？你觉得这个例子太夸张了吗？

我想无论是谁都会在店铺里经历过大大小小的不愉快。并不仅限于餐饮店。例如家电贩卖店、百货商店、酒店、机场柜台，和这个类似的案例经常发生。

假如你的店铺不断给顾客带来负面影响，这家店铺迟早会关门的。实际上，如果只是倒闭还好，最怕的是负面影响并没有在顾客那里停住，而是一传二，二传十。负面感情连锁产生。只因为自己店铺的存在，对社会的恶劣影响像波纹一样传开。光是想一下就觉得可怕吧。

打造给顾客带来感动、充满笑容的店铺。这个目标一点都没有错。只是，这个前提，要在心里发誓**"不制造让人伤心的场景"**。我们没有伤害顾客的权力。

尤其是有很多接待顾客的机会的饮食行业，不要忘记，能给顾客带来感动的同时，深深地伤害顾客，制造令人伤心的场景的危险性是很高的。

那次我去访问某都市的乌冬面店，对方说有事情找我商量。店主对我说明了现状。

"店铺开张的时候，营业额还马马虎虎过得去的。但是，附近出现了和我竞争的店铺，顾客慢慢减少了。是我的菜单不好吗？我降低价格就可以了吧？反正无论采取什么样的方法都于事无补，我就想着趁早把店铺关了。这家店已经没救了。"

我无语了。这是店主应该说的话吗？

本来我一走进店里，就有种不好的预感。店内的卫生没搞好，厨房也没整理好。对于作为顾客到来的我，店员没有一个人是跟我打招呼的。在他们看来，感觉就是"啊，老板又叫咨询师过来了啊"，工作毫无干劲。这简直就是倒闭店铺的典型。

然而，店主对自己的这种工作作风放任不管，仿佛店铺本来就很差似的。我生气了。

"这家店铺就如同你生在这个世界上的孩子。既然这样，为什么不对它用点心思呢？"

店主对我的话感到震惊，但我并不介意，继续讲下去。

"你是不是只把这家店当作赚钱的工具？业绩下降了你就关门，不就等同于自己的孩子成绩差了，或者生病了，你就杀掉他吗？"

我经常把店铺人格化地来思考。刚开张不久的店铺，就像是婴儿，自己什么都不会做。如果你不喂他，不照顾他洗澡，他就会生病，早晚会死去。

那么，对店铺来说，"吃饭"是什么呢？那就是将活力、饱满的精神带给顾客，还有在那里工作的员工的"干劲""韧性""不服输"。用这些来喂养他，店铺就会慢慢长大了。

洗澡指的是清扫和整理整顿。玻璃窗户就像是眼睛。如果不把它擦干净，就无法将"希望顾客进来"的心情传达出去。入口就等于嘴巴。如果满是蛀牙和口腔溃疡，顾客就不来了。

厨房就是内脏。如果冰箱里面有过期的食材，就会引起消化不良。然后，洗手间就是生殖器官。这是最需要打扫干净的地方。如果这里放任脏乱，就会成为各种各样疾病的根源。

因为没有好好照顾到各个角落，店铺就会生病。然而，对将店铺单纯看作"物品"的店主和员工来说，是不会有一点自责的念头的。

那家店后来怎样我不知道了，应该没坚持多久吧。至于店铺倒闭的原因，店主肯定会归咎于时代或者环境。

如果能把店铺当作自己的孩子而百般疼爱，尽心尽力去照顾，店铺肯定不会关门的。因为聚人气，所以才是"人气店"。你花了多少心思，店铺是不会说谎的。

总之不要把业绩差归根到店铺。**不行，不是店铺不行，而是如此想的你不行**。

首先带着对店铺的怜惜和关爱，倾注你最大限度的感情吧。

法则48 传达"谢谢"

你店铺的商品是什么？服饰、杂货、运动用品、眼镜、食品、书、花、文具……这些都是商品。或者说，美容院和按摩店等，其服务就是商品。

一风堂的商品就是拉面，但我认为它"并不只是在卖拉面"。当然，在眼睛所看到的世界里，我们确实是制作拉面提供给顾客。但其实我们是生产"谢谢"，**将感恩之心传达给顾客**。

"谢谢您的光临。多亏了您，我在现在这一刻可以制作拉面。我由衷地感谢您。"

我们只是将这声"谢谢"，做成了拉面的形式。也就是说，拉面是将我们和顾客用"谢谢"连接起来的媒介。无论是什么样的商品、什么样的服务，其本质就是"谢谢"。

请想象那些一流人物。在任何领域里登上顶峰的人物的动作都是很优雅的。一流人物生产的商品和服务，自然能让每个人都感动。

那为什么，他们是一流的呢？我们一般会被技巧和技术夺去眼球。但仅有知识和技术，是无法生出感动的。假设有机器能完美地再现一流人物的动作，我敢断言，再现出来的商品和服务绝对不是一流的。

因为机器是没有"感谢的心情"的。一流的人知道，自己所生产出来的东西并不只是商品，而是还带着对顾客的感谢之情。在不断进行严格的修炼、练习的过程中，相信很多人会注意到这个事实。

商品不仅仅是"物品"，还是"感恩"，这样想的话，那应该以什么样的心情去制作商品呢？怎么对待它才对呢？关于商品和服务的想法，也会发生很大的改变。

进一步来说，"欢迎光临""久等了""一共是××元"这些出现在店铺里的话语，其实全部都要有"谢谢"。在语言的背后，如果能带着对顾客的感恩的心情说出来，那无论是什么样的台词都会成为"魔法语言"。带着感恩之心的话语，真的有魔法般的效果。

这样思考的话，可以说**店铺就是个以商品和服务为媒介，流动"感恩"之心的装置**。在我们店里工作的人和顾客之间积极的气氛就是通过"感恩"的心情酿造出来的。营造出这种环境就是我们的使命，是打造不倒闭的店铺重要的部分。

现在，这里就是你最后的堡垒

一旦开始经营，"断掉自己的后路"是非常重要的。

事实上开店铺的时候，就已经没有退路了。因为"**逃跑就等于店铺倒闭**"。

别人让我写些什么话语的时候，我经常会写：

"现在，这里就是你最后的堡垒。同时也是你全部的开始。加油吧！"

人经常会有迷惘、不安、困惑等情绪。当然我自己也是这样，大企业的经营者也不例外。过去的伟大的经营者，也常常和某些东西战斗。

不过，希望你不要有"如果这个不行还有后路""在某处还有别的道路"的想法。现在这个瞬间就是你最后的堡垒。集中在一点上，如果没有拼了命守护到底的觉悟，怎么能在战斗中胜出呢？

当然，堡垒不仅是防守，也是从那里开始前进的基地。拼命守护的同时，一步步前进。这就是我们在这个处境的这个瞬间所要做的事情。

我经常这样想，"这里就是我最后的堡垒"。这种感觉从开第一家店的时候开始到现在，都没有改变过。对于内心不够强大的我来说，店铺就是我最后的归宿。没有其他可以逃离的地方。

但是，也因为这样，我苦撑着，只有这个阵地了。如果这家店倒闭自己的人生也就完了。无论如何都不能倒闭。这个决心给店铺带来了活力。

运作店铺后，很多事情都很艰难。我也有身体不好的时候。顾客数量无法增长，担心资金周转，有时候我甚至无法入睡。但是，要是逃避的话就失败了。你现在所在的地方，就是你最后的堡垒。

换个看法，严肃点来说，"这里就是最后的堡垒"。无论做什么事，从现在开始都不晚。无论什么时候，都可以从现在开始。所以现在，从这个瞬间开始，意气昂扬地前进吧。

以前，画家兼书法家中川一政在写"正念场"（日语里意思是关键时刻）前，因为太感动而号啕大哭。那是他九十七岁时的书法。这几个文字没有丝毫突兀的地方，它们让一个男人充满了悲壮的感悟。

后来，研究"论语"的大师伊兴田觉先生问到"正念场"的意思的时候，中川一政回答说："'正'字的写法是一字下面加个止字。这就是现在的意思。'念'字是一个今字加一个心。

'场'字则意味着现在所站着的空间。也就是说,'正念场'就是现在、现在、现在的意思。"

他这样的回答,再一次感动了我。

是的,过去已经不存在了。无论发生过什么事情,你也无法挽回了。没有必要特意回首而为此郁郁寡欢。

另一方面,未来也是不存在的。"要是这样了怎么办?你会怎么办?"这样庸人自扰的未来是我们自己在脑袋里臆造出来的。

如果有这种空闲,就应该把目光投向现在。你为了店铺做了什么、思考了什么。对你来说最后的堡垒,现在,这个瞬间,你有着什么样的觉悟。

法则50　每天都是创业

　　店铺的客流量马马虎虎，收入虽然少，但能应付每个月的开销。只是，营业额在慢慢下降，不安的感觉越来越强烈了。尽管还没有倒闭，但这种状态的店铺意外地多。

　　补救方法很简单。**只要店主回想起创业的时候，恢复那时候的干劲就可以了。**

　　1993年（平成5年）10月，尚在建设中的新横滨拉面博物馆（拉博），一风堂预定入驻的店面是个积满了地下泥水的光线灰暗的地方。馆方说的预计营业额，对当时的我来说高得难以置信，"虽然难得收到邀请，但这件事还是拒绝吧"，我这样下定了决心。

　　但我去到像临时房屋一样的准备室拜访的时候，我完全冷却的心突然改变了。那里有7个成员在忙碌着。拉面的资料堆得像座小山似的，到处都有热烈的讨论。

　　我感动了。年轻人朝着一个目标迈进的样子真的太美了。那个瞬间，我决定进驻拉博。

　　"失败了也没关系。如果这里不行，那就在东京一决胜负吧。就作为东京决战交的学费了。一开始创业的时候不也是什么都没有吗？不对，我是从负开始的。现在就当作创业，没什么可怕的。从这里开始进攻吧。"

我的想法就这样转变了。我在拉博的员工的身上，看到了年轻时候的自己。

结果证明，入驻是个无比正确的事情，一风堂品牌迅速在全国推广开来了。后来的发展也都是因为参加了拉博才火爆的。

自那以后，我就觉得"每天都是创业"。如果现在这个瞬间就是创业，那就没什么好怕的。

请跟刚开始创业时的自己比。你已经亲手做过很多事情了。首先你已经有了店铺。也已经有光顾的顾客了，有一起工作的员工了。

资金方面还是一样困难？这有什么关系！你关注的不应该是你没有拥有的东西，而是你已经拥有的东西并珍惜它。现状一定会好转的。

虽然这句话有点多余，但我自己认为，每个人"每一天都是在创业"。人类的创业就是在这个世界上诞生的那个瞬间。我自己的这个存在不是十年前、五年前、一年前、一个月前、一周前、昨日的连续，而是**"每天的自己都是新的"**。从睡眠中醒来的时候我诞生了，陷入睡眠时我死亡了，第二天早上我又诞生了。这样想，我每天都会有种想要拼命生活的力量。

每次打开店门，认真地觉得"今天就是创业"，那么培养不倒闭的店铺就不是那么困难的事情了。请消除你的恐惧和不安。只要有你的那份力量，店铺绝对会成长！

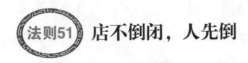

法则51 店不倒闭，人先倒

我曾经接手过经营状况不佳的面包店。走进那家面包店的时候，它给我的印象是，"这是因为人不行啊"。

店铺虽然还在营业，但工作的人完全没有进取心。投入工作中的眼神毫无光辉，在工作的时候也没有笑脸。我一边觉得"这家店很快就会倒闭了吧"，一边继续接手业务。虽然非常可惜，但这样下去的话真的会倒闭的。

当然要怪就怪作为经营者的店主。店主本身已经失去了对未来的展望。而这种心情传染给了店员。我非常确信，那是因为**"不是店铺要倒闭，在那之前是人先倒了"**。这个和企业是一样的，不是公司倒闭，而是在那里工作的人先破产了。让店铺、公司运转的，是人的能量，这是理所当然的。

反过来想，"人不倒，店铺就不会倒闭"。弄垮店铺的人，在某个节点就已经放弃了。只要不放弃，梦想就不会破碎。

这么一说，有人可能会反驳道，"但是，资金都周转不过来，肯定会死"。这说得有道理。不过，在那之前，请问自己做过哪些努力。

我经常会说，"不够的钱，在白天（如果白天营业那就晚上）自己去做苦力赚回来不就可以了？"马上，对方就会回答我："与其这么做，干脆把店关了，集中在白天做效率更高。"

如果只有这样的热情，本来就不应该开店。虽然我说的有点事不关己似的，但这样被淘汰也是没办法。

如果换作我，是绝对不会放弃的。即使咬紧牙关也要把店铺开下去。

我再说一次，如果你只有一家店铺，凭个人的能力总会有办法。而且并不需要什么特别的能力。能正常进行社会生活的人绝对都可以。

只是，在上轨道之前所花的时间有所差别而已。有人从一开始就不花什么大力气让店铺开起来了，也有人辛苦了几年才总算多了点营业额，达到收支平衡。在社会上，没有相同的两个人，能力也是不平等的。但人生就是因为这样才有趣。

四季剧团的浅利庆太在一本杂志的访谈中如此说道：

"……每个演员的成长节奏都不一样，所以一定要有自己专属的时钟。但是，有人却因为'我为什么不能成为那个人那样的人呢'，偷偷地觊觎别人的时钟，而丢失了自己。"

我认为店主也是一样的。不要羡慕生意好的店铺，不要断定"这对我来说是不可能的。我没有这个才能"。

说不定，你的努力明天就会开花，顾客就开始增加了呢。

要是放弃了，就真的太可惜了。

我说最后一句，而且也是终极的一句：

只要你的心不死，店铺就绝对不会倒闭。

结　语

自从店铺开张的那个瞬间起，作为店主的我们就背负着重要的责任。

首先是对顾客的责任。要保证有好的商品、服务、店铺氛围等，有责任让顾客满足。

如果有一起工作的伙伴，我们也必须对那个伙伴的人生担起责任。营造大家一起干劲十足地工作的环境的责任。支付工资，保障员工生活的责任。还有给予员工对未来的光明希望的责任。

还有，将店铺继续经营下去的责任。如果我们认为"不行了"而半途而废放弃了，那一切就都完了。无论在什么样的困境中，都要有不退却的觉悟，"将店铺坚守到底"。

如果觉得"这样的责任很重"，请从现在这个瞬间开始放弃拥有自己的店铺的梦想。否则，你和你的周围只会变得不幸。

如果你感到强烈的责任感从丹田里喷涌而出，即使你还有些不安也没关系。虽然肯定会碰壁，但你也一定可以克服。我在那种时候才会感觉人是自由的。能任性而为并不是自由。只有受到一定的制约，我们才能感觉到自由，并且自由地行动。那么，你会选择哪一条道路呢？

不让一家店倒闭并没有想象的那么难。认真专心地反复操练我在这里写出来的基本法则，并不断积累就可以了。即使没有特别的才华，只要认真、正直、热心，店铺就不会倒闭。

而这就是做人气店的前提。能长期保持生意兴旺的店铺是不存在的。人气店其实就是不倒闭的店铺的延伸。无论如何，请相信，并且坚持脚踏实地地努力。

你在履行作为店主的责任的时候，会拥有很多笑脸、顾客的笑脸、伙伴的笑脸、家人的笑脸……将这些笑脸作为力量的源泉，更加努力。店铺每进步一点，就会有更多的笑容，而能让如此良性循环发生的，唯有店主你。

请将你的宝贵的店铺，培养成不倒闭的店铺，拥有更多的笑脸吧。

2012 年 5 月

河原成美

关于"服务的细节丛书"介绍：

东方出版社从 2012 年开始关注餐饮、零售、酒店业等服务行业的升级转型，为此从日本陆续引进了一套"服务的细节"丛书，是东方出版社"双百工程"出版战略之一，专门为中国服务业产业升级、转型提供思想武器。

所谓"双百工程"，是指东方出版社计划用 5 年时间，陆续从日本引进并出版在制造行业独领风骚、服务业有口皆碑的系列书籍各 100 种，以服务中国的经济转型升级。我们命名为"精益制造"和"服务的细节"两大系列。

我们的出版愿景："通过东方出版社'双百工程'的陆续出版，哪怕我们学到日本经验的一半，中国产业实力都会大大增强！"

到目前为止"服务的细节"系列已经出版 108 本，涵盖零售业、餐饮业、酒店业、医疗服务业、服装业等。

更多酒店业书籍请扫二维码

了解餐饮业书籍请扫二维码

了解零售业书籍请扫二维码

"服务的细节" 系列

《卖得好的陈列》：日本"卖场设计第一人"永岛幸夫

定价：26.00元

《为何顾客会在店里生气》：家电卖场销售人员必读

定价：26.00元

《完全餐饮店》：一本旨在长期适用的餐饮店经营实务书

定价：32.00元

《完全商品陈列115例》：畅销的陈列就是将消费心理可视化

定价：30.00元

《让顾客爱上店铺1——东急手创馆》：零售业的非一般热销秘诀

定价：29.00元

《如何让顾客的不满产生利润》：重印25次之多的服务学经典著作

定价：29.00元

《新川服务圣经——餐饮店员工必学的52条待客之道》：日本"服务之神"新川义弘亲授服务论

定价：23.00元

《让顾客爱上店铺2——三宅一生》：日本最著名奢侈品品牌、时尚设计与商业活动完美平衡的典范

定价：28.00元

《摸过顾客的脚才能卖对鞋》：你所不知道的服务技巧，鞋子卖场销售的第一本书

定价：22.00 元

《繁荣店的问卷调查术》：成就服务业旺铺的问卷调查术

定价：26.00 元

《菜鸟餐饮店 30 天繁荣记》：帮助无数经营不善的店铺起死回生的日本餐饮第一顾问

定价：28.00 元

《最勾引顾客的招牌》：成功的招牌是最好的营销，好招牌分分钟替你召顾客！

定价：36.00 元

《会切西红柿，就能做餐饮》：没有比餐饮更好做的卖卖！饭店经营的"用户体验学"。

定价：28.00 元

《制造型零售业——7-ELEVEn 的服务升级》：看日本人如何将美国人经营破产的便利店打造为全球连锁便利店 NO.1！

定价：38.00 元

《店铺防盗》：7 大步骤消灭外盗，11 种方法杜绝内盗，最强大店铺防盗书！

定价：28.00 元

《中小企业自媒体集客术》：教你玩转拉动型销售的 7 大自媒体集客工具，让顾客主动找上门！

定价：36.00 元

《敢挑选顾客的店铺才能赚钱》：日本店铺招牌设计第一人亲授打造各行业旺铺的真实成功案例

定价：32.00 元

《餐饮店投诉应对术》：日本 23 家顶级餐饮集团投诉应对标准手册，迄今为止最全面最权威最专业的餐饮业投诉应对书。

定价：28.00 元

《大数据时代的社区小店》：大数据的小店实践先驱者、海尔电器的日本教练传授小店经营的数据之道

定价：28.00 元

《线下体验店》：日本 "体验式销售法"第一人教你如何赋予 O2O 最完美的着地！

定价：32.00 元

《医患纠纷解决术》：日本医疗服务第一指导书，医院管理层、医疗一线人员必读书！ 医护专业入职必备！
定价：38.00元

《迪士尼店长心法》：让迪士尼主题乐园里的餐饮店、零售店、酒店的服务成为公认第一的，不是硬件设施，而是店长的思维方式。
定价：28.00元

《女装经营圣经》：上市一周就登上日本亚马逊畅销榜的女装成功经营学，中文版本终于面世！
定价：36.00元

《医师接诊艺术》：2秒速读患者表情，快速建立新赖关系！ 日本国宝级医生日野原重明先生重磅推荐！
定价：36.00元

《超人气餐饮店促销大全》：图解型最完全实战型促销书，200个历经检验的餐饮店促销成功案例，全方位深挖能让顾客进店的每一个突破点！
定价：46.80元

《服务的初心》：服务的对象十人百样，服务的方式千变万化，唯有，初心不改！
定价：39.80元

《最强导购成交术》：解决导购员最头疼的55个问题，快速提升成交率！
定价：36.00元

《帝国酒店——恰到好处的服务》：日本第一国宾馆的5秒钟魅力神话，据说每一位客人都想再来一次！
定价：33.00元

《餐饮店长如何带队伍》：解决餐饮店长头疼的问题——员工力！ 让团队帮你去赚钱！
定价：36.00元

《漫画餐饮店经营》：老板、店长、厨师必须直面的25个营业额下降、顾客流失的场景
定价：36.00元

《店铺服务体验师报告》：揭发你习以为常的待客漏洞　深挖你见怪不怪的服务死角　50个客户极致体验法则
定价：38.00元

《餐饮店超低风险运营策略》：致餐饮业有志创业者＆计划扩大规模的经营者＆与低迷经营苦战的管理者的最强支援书
定价：42.00元

《零售现场力》：全世界销售额第一名的三越伊势丹董事长经营思想之集大成，不仅仅是零售业，对整个服务业来说，现场力都是第一要素。
定价：38.00 元

《别人家的店为什么卖得好》：畅销商品、人气旺铺的销售秘密到底在哪里？ 到底应该怎么学？ 人人都能玩得转的超简明 MBA
定价：38.00 元

《顶级销售员做单训练》：世界超级销售员亲述做单心得，亲手培养出数千名优秀销售员！ 日文原版自出版后每月加印 3 次，销售人员做单必备。
定价：38.00 元

《店长手绘 POP 引流术》：专治"顾客门前走，就是不进门"，让你顾客盈门、营业额不断上涨的 POP 引流术！
定价：39.80 元

《不懂大数据，怎么做餐饮？》：餐饮店倒闭的最大原因就是"讨厌数据的糊涂账"经营模式。
定价：38.00 元

《零售店长就该这么干》：电商时代的实体店长自我变革。
定价：38.00 元

《生鲜超市工作手册蔬果篇》：海量图解日本生鲜超市先进管理技能

定价：38.00 元

《生鲜超市工作手册肉禽篇》：海量图解日本生鲜超市先进管理技能

定价：38.00 元

《生鲜超市工作手册水产篇》：海量图解日本生鲜超市先进管理技能

定价：38.00 元

《生鲜超市工作手册日配篇》：海量图解日本生鲜超市先进管理技能

定价：38.00 元

《生鲜超市工作手册副食调料篇》：海量图解日本生鲜超市先进管理技能

定价：48.00 元

《生鲜超市工作手册 POP 篇》：海量图解日本生鲜超市先进管理技能

定价：38.00 元

《日本新干线 7 分钟清扫奇迹》：我们的商品不是清扫，而是"旅途的回忆"

定价：39.80 元

《像顾客一样思考》：不懂你，又怎样搞定你?

定价：38.00 元

《好服务是设计出来的》：设计，是对服务的思考
定价：38.00 元

《让头回客成为回头客》：回头客才是企业持续盈利的基石
定价：38.00 元

《餐饮连锁这样做》：日本餐饮连锁店经营指导第一人
定价：39.00 元

《养老院长的 12 堂管理辅导课》：90%的养老院长管理烦恼在这里都能找到答案
定价：39.80 元

《大数据时代的医疗革命》：不放过每一个数据，不轻视每一个偶然
定价：38.00 元

《如何战胜竞争店》：在众多同类型店铺中脱颖而出
定价：38.00 元

《这样打造一流卖场》：能让顾客快乐购物的才是一流卖场
定价：38.00 元

《店长促销烦恼急救箱》：经营者、店长、店员都必读的"经营学问书"
定价：38.00 元

《餐饮店爆品打造与集客法则》：迅速提高营业额的"五感菜品"与"集客步骤"
定价：58.00元

《赚钱美发店的经营学问》：一本书全方位掌握一流美发店经营知识
定价：52.00元

《新零售全渠道战略》：让顾客认识到"这家店真好，可以随时随地下单、取货"
定价：48.00元

《良医有道：成为好医生的100个指路牌》：做医生，走经由"救治和帮助别人而使自己圆满"的道路
定价：58.00元

《口腔诊所经营88法则》：引领数百家口腔诊所走向成功的日本口腔经营之神的策略
定价：45.00元

《来自2万名店长的餐饮投诉应对术》：如何搞定世界上最挑剔的顾客
定价：48.00元

《超市经营数据分析、管理指南》：来自日本的超市精细化管理实操读本
定价：60.00元

《超市管理者现场工作指南》：来自日本的超市精细化管理实操读本
定价：60.00元

《超市投诉现场应对指南》：来自日本的超市精细化管理实操读本
定价：60.00 元

《超市现场陈列与展示指南》
定价：60.00 元

《向日本超市店长学习合法经营之道》
定价：78.00 元

《让食品网店销售额增加 10 倍的技巧》
定价：68.00 元

《让顾客不请自来！卖场打造 84 法则》
定价：68.00 元

《有趣就畅销！商品陈列 99 法则》
定价：68.00 元

《成为区域旺店第一步——竞争店调查》
定价：68.00 元

《餐饮店如何打造获利菜单》
定价：68.00 元

《日本家具 & 家居零售巨头 NITORI
的成功五原则》
定价： 58.00 元

《咖啡店卖的并不是咖啡》
定价： 68.00 元

《革新餐饮业态： 胡椒厨房创始人的
突破之道》
定价： 58.00 元

《餐饮店简单改换门面， 就能增加新
顾客》
定价： 68.00 元

《让 POP 会讲故事， 商品就能卖
得好》
定价： 68.00 元

《经营自有品牌： 来自欧美市场的实
践与调查》
定价： 78.00 元

《卖场数据化经营》
定价： 58.00 元

《超市店长工作术》
定价： 58.00 元

《习惯购买的力量》

定价： 68.00 元

《7-ELEVEn 的订货力》

定价： 58.00 元

《与零售巨头亚马逊共生》

定价： 58.00 元

《下一代零售连锁的 7 个经营思路》

定价： 68.00 元

《唤起感动： 丽思卡尔顿酒店"不可思议"的服务》

定价： 58.00 元

《7-ELEVEn 物流秘籍》

定价： 68.00 元

《价格坚挺， 精品超市的经营秘诀》

定价： 58.00 元

《超市转型： 做顾客的饮食生活规划师》

定价： 68.00 元

《连锁店商品开发》

定价： 68.00 元

《顾客爱吃才畅销》

定价： 58.00 元

《便利店差异化经营——罗森》

定价： 68.00 元

《餐饮营销 1： 创造回头客的 35 个开关》

定价： 68.00 元

《餐饮营销 2： 让顾客口口相传的 35 个开关》

定价： 68.00 元

《餐饮营销 3： 让顾客感动的小餐饮店"纪念日营销"》

定价： 68.00 元

《餐饮营销 4： 打造顾客支持型餐饮店 7 步骤》

定价： 68.00 元

《餐饮营销 5： 让餐饮店坐满女顾客的色彩营销》

定价： 68.00 元

《餐饮创业实战 1： 来， 开家小小餐饮店》
定价： 68.00 元

《餐饮创业实战 2： 小投资、 低风险开店开业教科书》
定价： 88.00 元

《餐饮创业实战 3： 人气旺店是这样做成的！》
定价： 68.00 元

《餐饮创业实战 4： 三个菜品就能打造一家旺店》
定价： 68.00 元

《餐饮创业实战 5： 做好"外卖"更赚钱》
定价： 68.00 元

《餐饮创业实战 6： 喜气的店客常来， 快乐的人福必至》
定价： 68.00 元

《丽思卡尔顿酒店的不传之秘： 超越服务的瞬间》
定价： 58.00 元

《丽思卡尔顿酒店的不传之秘： 纽带诞生的瞬间》
定价： 58.00 元

《丽思卡尔顿酒店的不传之秘： 抓住
人心的服务实践手册》

定价： 58.00元

《廉价王： 我的"唐吉诃德" 人
生》

定价： 68.00元

《7-ELEVEn 一号店： 生意兴隆的秘
密》

定价： 58.00元

更多本系列精品图书，敬请期待！